教員養成のためのテキストシリーズ
1 教師をめざす

西林克彦・近藤邦夫・三浦香苗・村瀬嘉代子 編

新曜社

はじめに

　日本は今，重大な転機を迎えています。経済的困難もさることながら，教育もまた，変化する時代のなかでさまざまな困難に直面しています。青少年の学力の低下や創造性の欠如がつとに指摘され，現在の学校の教育機能に疑問の声があがっています。増大する一方の不登校，いじめやいじめを苦にしての自殺，崩壊する学級，歯止めがないかに見える暴力からは，学ぶことに喜びを見いだせず，将来について希望をもつことのできなくなっている子どもたちの叫びが聞こえてきます。

　私たちは大学にあって未来の教師となる学生の教育に関わるものとしての立場から，教職教育のあり方を真剣に問い直さなければならないと考えます。今日の教育が抱える困難を第一線に立って受け止め，変革していくのは，教師だからです。教師となるためには，どのような資質と技量，知識が必要なのかを，明確にする努力をさらに進めなければなりません。

　新教育職員免許法に対応したカリキュラムが全面的にスタートします。私たちはそうした変化に対応しながら，学ぶ，教えるという教育の実際的な活動のなかで，教育心理学，臨床心理学に何ができるのか，その幅広い研究のなかから何を伝えるべきなのか，何度も議論を重ねました。そして，心理学以外の領域からも多くの先生方にご協力をいただき，より広い視野から教師の仕事をとらえるよう努めました。

　本シリーズが，これから教師を志す学生にとって，教師という仕事の喜びと大きな影響力を考える機会となれば幸せです。

　２０００年１月

　　　　　　　　　　　　　　　　　　　　　　　　西林克彦　　近藤邦夫
　　　　　　　　　　　　　　　　　　　　　　　　三浦香苗　　村瀬嘉代子

第1巻　教師をめざす

　この「第1巻　教師をめざす」は，新しい「教職に関する科目」のうち，「教職への志向と一体感の形成に関する科目」（2単位）に対応しています。現代というむずかしい社会のなかで，教職はどのような役割を担っているのか，教師としての責任や役割とは何かなどを考えながら，学校教育をめぐる環境や問題を認識し，教師に求められる適性，教職を選択することの意味を考えます。

　1部「教育をめぐる状況」では，環境や社会の変化とそれにともなう子どもたち自身の変化，競争と平等の問題，広く流布している教育言説の問題を取り上げ，現在の子どもと教育のおかれている状態を概観するとともに，教育観を改めて問い直すための機会とします。

　2部「学校という存在」では，教師として働く場である学校の光と影，日本の学校制度の歴史，学校や学級という組織の特徴，地域との関わり方，学級集団の子どもに与える影響について学びます。また，改革が進む学校の多様なあり方を，アメリカの例も参考にしながら考えます。

　3部「教師という仕事」では，その内容，責任，困難，そして成長について考えます。また組織の一員としての教師がもつ可能性にも目を向けながら，子どもの成長に責任をもちつつ自らも成長していく存在としての教師のすがたを描き出します。

　4部「教師をめざす人のために」では，教職を志す人が必要とする資格（免許）や，教師となるために学んだことを役立てることのできる他の職業についても学びます。そして，教師になるとはどういうことなのかについて考えます。

目　次

はじめに　i
第1巻　教師をめざす　ii

1 部　教育をめぐる状況

1　子どもと社会変化　2

1. 「学級崩壊」という現象から
2. 子どもが育つ環境の変化——筆者自身を事例に
3. 変わるものと変わらないもの——教師対象の聴き取り調査から
4. 社会のなかの子ども——学校と子どもの関係の変化

2　教育をめぐる環境変化　8

1. 日本社会の構造変動
2. 近代の終焉——モダンからポストモダンへ
3. 教育関係の変化——私事化社会のなかで
4. 教育改革の動向

3　競争と平等　14

1. 平等概念，競争概念
2. 受験をめぐる競争と中央教育審議会答申（1999）
3. 「公正モデル」の提起
4. 教室における競争——競争心の刺激と抑制
5. 学級の環境づくりとしての多元的な学級文化の育成

4　教育言説の視点から教育論を解きほぐす　20
　　　——「いじめ」論議を中心に

1. 教育言説
2. いじめの社会問題化

　　　　3．教育言説としての「いじめ」論議
　　　　4．その他の教育言説

5　自らの教育を振り返る　　　　　　　　　　　　　26

　　　　1．「できる」と「わかる」
　　　　2．「できる」に存在する陰の部分
　　　　3．「苦手」と「できない」に存在する光の部分
　　　　4．自らの教育を振り返る

2部　学校という存在

6　学校というもの　　　　　　　　　　　　　　　34

　　　　1．制度としての学校
　　　　2．学校改革の試み
　　　　3．学校のもたらす光と影
　　　　4．これからの学校に求められること

7　現代日本の教育と学校制度　　　　　　　　　　40

　　　　1．日本の近代学校制度
　　　　2．戦後の教育改革
　　　　3．日本の学校制度の現状と問題点
　　　　4．学校の改革にむけた動き

8　学校組織　　　　　　　　　　　　　　　　　48

　　　　1．学校という組織
　　　　2．学校としての教育計画
　　　　3．学校における校務分掌
　　　　4．職員会議の機能

9　学級制度　　　　　　　　　　　　　　　　　54

　　　　1．学級とは
　　　　2．学級定員
　　　　3．学級担任の役割

4. ティーム・ティーチングを考える

10　地域社会との共生　　60

1. 「閉じた学校」の問題性
2. 学校参加の国際比較
3. 「開かれた学校」の実践
4. 学校と地域とのネットワーキングを求めて

11　学級集団　　66

1. 学級集団とは
2. 思い出にのこる2つの学級
3. ミクロ—マクロな構造をもつ学級集団
4. 「閉じられた」学級
5. 「開かれた」学級
6. まとめ

12　学校像の模索　　72

1. 21世紀の学校へ
2. オープン・スクールとフリー・スクール
3. ネオ・リベラリズムの学校改革
4. 「学びの共同体」としての学校

3 部　教師という仕事

13　教師の一日　　80

1. 「多忙」な生活
2. 一日の仕事
3. 日本の教職の特質
4. 教師の専門的成長を求めて

14　指導と懲戒　　86

1. 進級をめぐる問題
2. 指導としつけ

3. 校則の問題をめぐる事情
　　　4. 体罰をめぐる事情

15　組織の一員としての教師　　　　　　　　　　92

　　　1. 組織としての学校
　　　2. 教職の個業的性格と教師の気質
　　　3.「協働」としてのティーム・ティーチング
　　　4. 21世紀の教師像

16　子どもを委ねられるということ　　　　　　　　98

　　　1.「家」のほうから「学校」を見る①
　　　2.「家」のほうから「学校」を見る②
　　　3. 親との連携──「委ねられる」から「協同」へ

17　教師の成長　　　　　　　　　　　　　　　　104

　　　1. 教師の成長とは
　　　2. 教職生活における危機的体験
　　　3. 教師としての自己形成の契機
　　　4. 自分を支えてきた教育実践

4 部　教師をめざす人のために

18　教師になるためのガイド　　　　　　　　　　112

　　　1. どんな免許状かあるか
　　　2. 教員免許状の取得の仕方
　　　3. どんな授業を受けるのか──履修すべき授業科目の概要
　　　4. 介護等体験
　　　5. 専修免許状
　　　6. 教員の身分

19　教職の近接領域　　　　　　　　　　　　　　122

　　　1. 教育関係
　　　2. 教育相談

3. 福祉
4. 司法・矯正
5. 医療・保健
6. 産業・労働
7. 進路選択の手かかり

20　教師をめざす　　　　　　　　　　　　　　　　128

1. 制度のなかの教師
2. 教師という仕事に関わる「哲学」
3. 学習指導の意味
4. 教師に望まれること

さらに学ぶために——参考文献　135

引用・参考文献　138

索引　145

執筆者紹介　151

編者紹介　152

装幀——加藤光太郎

1部
教育をめぐる状況

1 子どもと社会変化
2 教育をめぐる環境変化
3 競争と平等
4 教育言説の視点から
　教育論を解きほぐす
5 自らの教育を振り返る

# 1 子どもと社会変化

1.「学級崩壊」という現象から

　最近,「学級崩壊」と呼ばれる現象が,世間の注目を集めている。
　それは,特に小学校の教室において,先生の言うことに耳をかさず,ひんぱんに立ち歩いたり騒いだりする子どもたちのために,授業が成り立たず,ついには学級経営ができなくなるような状態を指す。兵庫県内で行われたある調査によると,小学校教師の約15％が学級崩壊を経験したことがあると回答している[1]。
　昔にもそういうことはあった,と大人たちは言うかもしれない。筆者自身の経験でも,中学1年生のときのクラスは,きびしく叱ることができない若い美術の先生が担任で,給食の時間に食べ物が飛び交い,授業中もまったく喧騒がおさまらないような状態であった。高度経済成長期の,都市部のマンモス公立中学校でのことである。思春期にあるツッパリたちの学校内外でのワルサに,当時の教師集団はさぞかし手を焼いたことであろう。
　しかし,今日の小学校の状況は,それとはいささか様相をことにしている。たとえば,長年の実践経験をもつベテラン教師のクラスでも,学級崩壊はひんぱんに起こっている。また,1年生や2年生といった低学年のクラスでも,どうしようもない状況がしばしば生じているようだ。すなわち問題は,教師の経験不足や思春期的反抗といった要因のみに帰することができない性質のものになっているのである。
　最近,筆者がしばしば訪れる小学校で,学級崩壊が起こった。とてもいい学校なので,学級崩壊だと聞いたときには「まさか」と驚き,やはり「学級崩壊はどこにでも起こりうる」という教師たちの言葉はウソではなかったと実感した。転勤してきたべ

---

　(1) これは,兵庫県教組西宮支部が,同市の小学校教師1,000名あまりに対して実施したものである(毎日新聞大阪版1999年1月8日夕刊より)。また,別の新聞報道(サンケイ新聞大阪版1999年2月13日朝刊)によると,大阪府では,学級崩壊への対応の一つとして,1999年度から「学習指導充実教師」の導入を決めたそうである。その役割は,担当教師と協力して,ティーム・ティーチングやクラスの分割授業にあたることにあるという。

テラン女性教師が受けもった6年生のクラスの何人かの男子とその教師とのソリが合わず，学年途中で担任交代という事態に立ち至ったのであった。交代したのは，そのクラスを5年生のときに担任した男性教師で，交代以降は何ごともなかったかのようにクラスは平穏な状態に戻った。その教師と子どもたちの間に，信頼関係ができあがっていたからである。

今日，わが国の子どもたちの育ち方は，かつてと比べて大きく変貌している。そして，従来の学校組織や授業・指導のあり方が，彼らのありようにそぐわなくなってきている。求められるのは，そうした子どもの実態に即して，教師たちが発想を転換し，柔軟に対応することであり，さらには，学校をモデルチェンジすることであろう。その意味では，これからの教師には，子どもとの関係のこじれや破綻の兆候に早い段階で気づき，柔軟に対処できる能力が求められているといえる。

2．子どもが育つ環境の変化——筆者自身を事例に

現在筆者には，高2・中1・小5になる3人の男の子がいる。彼らの育つ環境，すなわちわが家や近隣社会のありようを，筆者自身の育ち方と比べると，その歴然たる違いに驚かされる。思いつくままに，その違いを箇条書きにしてみよう。

- 筆者は，関西地方で自営業を営む大家族に生まれ育った。彼らはいま，首都圏の公務員住宅で，核家族として生活している。
- 筆者は，放課後や休みの日に友だちと遊びたいとき，家の前で「○○くん，あそぼ！」と声をかけたものだが，彼らは低学年のころから，電話でアポをとっていた。しかも，高学年になると，みんなが塾で忙しくなるため，アポとりに四苦八苦している。
- 遊びの内容としては，筆者の場合は，野球やドッジボールがメインだったが，いまはやはりテレビゲームが主流である（母親が時間を制限しているが）。
- 筆者は，家が製材所をしていたため，よく材木運びや工場の掃除といった手伝いをさせられたが，息子たちは，せいぜいおつかいや風呂洗いしかできない。
- 筆者は小学校時代，そろばんにしか通った経験がないが，彼らは，少年サッカー・公文などを経験している。なおわが家は，進学塾に行かせない／行かないことをモットーにしているが，周囲では例外的存在である。
- 筆者の子ども時代は，畳に正座して食事をとっていたが，彼らはイスに座って食べる。その結果，せいぜい数分間しか正座ができない。

・筆者は，2つ離れた弟としょっちゅうつかみ合いのケンカをしたが，彼らはほとんど口論しかしない。父親の筆者が「たまにはつかみ合いのケンカでもやってみろ」とけしかけても，一向に効果はない。
・筆者の通った中学は，1学年で10クラスあったが，いま次男が通う地元の公立中学は，1学年3クラスでしかない。

　まだまだあげられるが，このへんにしておこう。
　このように，私と息子の世代間でさえ，わが国の社会化環境（子どもが生まれ育つ環境）は，文字通り激変した。上に引いた筆者自身の家庭のケースも，そうした大きな社会変動という文脈から解釈することが可能であろう。かつては，祖父も父も子も，同じように生まれ，同じように死んでいくということがありえた。もはや，それはありえない。親の育ち方と子の育ち方がまったく異なっているほうが，ふつうなのである。
　おそらく，この本を読む大学生のみなさん自身の経験は，40歳になった私のものよりも，むしろティーン・エイジャーである息子たちのほうに近いであろう。現在の学校運営の中心となっているのは，まさにわれわれの世代であり，校長・教頭職をつとめるのは，さらにもう一つ前の世代である。そして他方，今日小学校に入ってくるのは，みなさんよりも，さらに一つ若い世代なのである。教師と子どもの世代の間には，大きなギャップが生じている。

3. 変わるものと変わらないもの──教師対象の聴き取り調査から

　筆者は数年前に，「子どもの変化と教師の課題」をテーマとする，小・中・高校教師たちに対するインタビュー調査を実施したことがある（志水，1997）。対象となったのは，30代後半から50代にかけてのベテラン教師約60名。彼らの回答を整理するなかで，「子どもの変化」として浮かび上がってきたのは，以下の4項目であった。
　①まず，最も多くの声が寄せられたのが，「弱くなっている」という点についてである。「弱くなっている，あらゆる面で。体力から，生きるエネルギーというか，友だち関係というか，いろんな意味で非常に子どもが弱くなっている。そういう子どもたちが学校に来れなくなって，不登校になっている」といった指摘が，その代表的なものである。
　②次に目についたのが，「1対1の関係を求める」というものであった。「集団のなかでも，先生と1対1を要求してくる。別の観点からいうと，1対1で話せば，先生

の話を，その子ども自身に向けられた言葉としてとらえられるが，学級集団全体に向かって先生が話した場合には，それを，（集団の一員である）自分にも向けられたメッセージとして受け取ることができない」といった声である。

③第三には，「リーダーがいない」という声が多かった。「自分が前に出るのを非常にきらう」「学活にしろ，行事にしろ，自分たちで動かない」「与えられたことはするが，それ以上に発展しない」といった指摘も，それと密接に関連していよう。

④最後に，「社会的関心が低い」という指摘も目についた。「自分の身辺だけに目がいっている」「とにかく楽しく生きられればよい」といった言葉で，子どもたちの社会的関心の低さが指摘されていた。

インタビューを通じて印象深かったのは，上にみたように，教師たちが子どもたちの変化を，概してネガティブにとらえているということであった。「明るく，ものおじしない」「感性がするどい」「自分たちで工夫してやれる」「勉強ができなくても自己主張できる」といったプラス面での変化もあげられてはいたが，それはあくまでも少数意見にとどまっていた。

上に指摘されている4項目はいずれも，「耐性の欠如」「集団性の欠如」「自発性の欠如」「社会性の欠如」と呼びかえることができる。すなわち，ベテラン教師たちは，「欠如の言語」で現代の子どもたちを把握しがちなのである。ギリシアの昔から，「近ごろの若いモンは……」という言い回しがあったそうだが，教師たちはこうした子どもの変化にたじろぎ，従来のやり方で彼らに接することに不安を覚えているようである。

しかしその一方で，教師たちの間に，「子どもの本質は変わらない」という認識があることもたしかである。ある教師は，次のように語ってくれた。

> 「子どもはね，とりあえず変わっていないという感じがしますね。社会なり，子どもを取り巻く状況の方が，大きく変化してきている感じがするんですね。その変化なり，状況なりに，子どもたちが戸惑っているというか。だから，ぼくが勤めだしたときと，現在の子どもは，基本的に変わってないと思うんですよ。」

筆者自身の受け取り方も，実はこの教師の言葉に近い。子どもの具体的な行動なり，語る言葉なりは，時代により変化するであろうが，基本的なところでは，人間性なるものはそうは変わらないと思うのである。時代とともに遊びのスタイルは変化しても，子どもは遊びが大好きであることに変わりはない。そして，親しい人とのふれあいを，つねに求めている。

先にみた学級崩壊についても，教師の側が，「〜べき」「〜でなければならない」という教師的な思い込みや先入観から自由になり，一人の大人として一人ひとりの子どもに丁寧に接することができれば，そう問題は深刻化するものではない，と筆者は考えている。

4. 社会のなかの子ども──学校と子どもの関係の変化

さて，先にもふれた通り，子どもを取り巻く社会環境は絶えず変化している。

そもそも伝統的な社会においては，子どもは，労働力として期待される「小さな大人」であった。その頃は，今日的な意味での，子どもだからという特別な視線や配慮は存在しなかったといってよい。それが，労働の場と家庭生活の場が分離する近代になると，フランスの社会学者アリエスらの仕事が明らかにするように，「保護される者としての子ども」という観念が成立する。いわゆる，「子ども（期）の発見」である（アリエス，1960）。そして，夫婦の愛情を基盤とする近代家族観のもとで，「親子関係の心理化」が起こる（山田，1998）。すなわち，子どもを夫婦の愛の結晶として見，親子の情愛を求めるような見方である。さらに今日では，その「保護されるべき子ども」というイメージは，一方で「大人への従属から解放されるべき子ども」，他方で「大人と同等の責任を負うべき子ども」という，2つの新たな子ども観へ展開を遂げつつあるという指摘もなされている（広田，1998）。

このように，社会の変化に応じて，そのなかでの子どもの位置づけもまた変わっていくのであり，さらに，学校という場と子どもたちとの関係もまた，時代によって大きな様変わりを見せるのである。

まず，近代学校制度が確立した19世紀の後半から20世紀前半にかけての時期は，「行ける者だけが学校に行く」時代であった。いわば，「canの時代」である。それに続く，敗戦から1970年代にかけての時期は，「がんばった者が学校に行く」時代であった。学校が社会的・経済的成功のルートして，すべての若者にとっての目標として推奨されたという意味で，その時期を「shouldの時代」と名づけることができよう。そして，1970年代の初頭の時点で，わが国の高校進学率は95％，大学進学率は40％に達し，わが国はアメリカと並ぶ高学歴社会となったのであった。

しかしそれ以降，ともかくよい学校へという圧力が働き，卒業してからも学歴が幅をきかせる「社会の学校化」が進み，「受験戦争」「試験地獄」といった言葉で，その悪影響のほうがさかんに取り沙汰されるようになる。子どもの側からすれば，「みんな学校に行かなくてはならない」という「mustの時代」の到来である。70年代から，

80年代，そして90年代にかけて，「校内暴力」「いじめ」「不登校」そして「学級崩壊」と，さまざまな教育問題が世間をにぎわすようになったのは，周知の通りである。そうした問題群の背景には，学校という存在の肥大化，さらには硬直化・画一化した学校文化の弊害といった要因があることは，火を見るよりも明らかである。

そして今日，いよいよ時代は第4番めの段階に入ったというのが，筆者の印象である。それは，「必ずしも全員が学校に行かなくてもよい」という「mayの時代」の幕開けである。かつて「登校拒否」と呼ばれていた「不登校」児には，大検制度やフリースクールなど，さまざまなオールタナティブが用意され，親にとっても子にとっても「学校に行かない」ことは，必ずしも恥ずべきことではないという常識が形成されつつある。高校や大学の多様化は急速に進んでおり，中高一貫教育をめざす中等教育学校構想も各地域で実現しつつある。

良きにつけ悪しきにつけ，今日は，多様性と選択の時代である。学校の正当性と教師の権威は，もはや自明のものではありえず，学校・教師は，つねに教育の消費者たる親や子，そして地域社会のきびしい選択にさらされざるをえない。ある中学校教師が，筆者にこう語ったことがある。

「それはしんどいですよ。昔もしんどかったけど，あのころは悪ガキを追っかけまわしていればよかった。でもいまは，違います。何しろ，子どもだけでなく，世間を相手にしないといけないんですから。たいへんですよ。」

子どもの背後には親がおり，地域の目があり，そしてマスコミや社会の批判的論調がある。決して，教師にとってらくな戦いではない。しかし，見方を変えれば，それは，個々の学校や，各々の教師の哲学・ポリシーを明確にし，アピールする好機を得たということでもあるのだ。ベストを尽くせば，必ずや周囲の肯定的な評価を得ることができるだろう。

いかに選択の時代だといえ，また，いかに子どもが宇宙人のように変わって見えようとも，依然として子どもは子どもであり，また学校は，彼らの生活の重要な場の一つとして生き続けるだろう。いま求められるのは，こうした現代の状況に対応できる，若々しい感性と行動力をもった教師である。教職は，これまでになくエキサイティングな仕事になってきている。

2 教育をめぐる環境変化

1. 日本社会の構造変動

　まず最初に，わが国の社会の急激な構造変動を，「人口動態の変化」「国際化の進展」「情報化の進展」の3つの局面から把握しておくことにしよう。
①**人口動態の変化**　これは，具体的には「少子化」と「高齢化」という2つの現象として現れている。
　1990年に，わが国の合計特殊出生率（女性が一生のうちに子どもを産む比率）が1.57人となり，「1.57ショック」という言葉がマスコミをにぎわした。世にいう「少子化時代」の到来である。1997年におけるその数値は1.39にまで減少しており，同年にはついに，わが国の「65歳以上」年齢が「15歳以下」年齢を上回る事態になった。日本社会の高齢化は，今後まちがいなく急速に進展し，西暦2015年には，他のどの国よりも速く，65歳以上の高齢者の比率が25％に達すると予想されている（国立社会保障・人口問題研究所，1998）。
　こうした人口の動態は，わが国の政策策定の重点を「高齢者対策」にシフトさせ，ただでさえ他の先進諸国に比べて相対的に低い教育予算の比率を，なおいっそう抑制させる効果をもつと考えられる。また，子どもの数の継続的な減少は，教育制度や学校組織のあり方全般に関わる見直しを要請するのみならず，家庭や地域社会のなかでの子どもたちの育ちに抜本的な影響を与えることは想像にかたくない。
②**国際化の進展**　国際化の進行は，国民生活のさまざまな領域にインパクトを与えているが，ここでは，人の移動という側面に焦点をあててみよう。
　1996年に，海外旅行などで出国した日本人の総数は1,670万人にのぼる。単純に計算すれば，国民の8人に1人が一年間に一度海外に出るという勘定である。そのうち，留学・技術習得を目的とした出国者数は約18万人である。また，同年末の時点で，日本国籍を有する者のうち，3ヵ月以上の海外長期滞在をしている者（在外邦人）は約76万人で，学齢期にある海外在留子女の数は約5万人にのぼる。他方，外国人登録を行ってわが国に在住している外国人の数は，96年末の時点で約142万人（うち約65万

人が在日韓国朝鮮人を中心とする永住者）であり，そのうち約4万5千人が大学等の高等教育機関で留学生として勉学を継続中である（総理府統計局，1998）。

　ひと昔前に，わが国の教育界で取り沙汰されたのが「帰国子女」の問題であった。また今日では，南米・アジア諸国からの外国人子弟（いわゆる「ニューカマー」）の問題が学校現場で大きくクローズアップされている。いずれのグループも，今日数万人のスケールで存在しているが，彼らの提起する「異質性」は，画一性や硬直性に傾きがちなわが国の学校文化に大きな批判を投げかけている。

③情報化の進展　教育環境の変化を考えるうえで欠かしてはならないポイントである。コンピューターや通信技術の進歩は，周知のようにここ数十年の間に社会の情報環境を一変させてしまった。そしていまや，パソコンや携帯電話といった電子メディアが，子ども・若者にとっての基本的なコミュニケーションツールとなるに至っている。

　そうした状況のなか，パソコンやインターネットの教育利用の可能性が議論される一方で，電子メディアが作り出す新たなコミュニケーション空間の危うさや若者たちのリアリティー感覚の喪失といったテーマが教育上の課題として語られるようになっている。

2. 近代の終焉——モダンからポストモダンへ

　上に述べたような社会の構造変化は，必然的に，法律を中心とした社会制度，会社や学校といった近代的組織のあり方，あるいは家族や近隣社会における人間関係といったものに，根本的な見直しを迫る。社会学の領域では，こうした事態を「近代の終焉」，あるいは「モダンからポストモダンへ」という言葉で呼び習わしてきた。

　この点について，カナダの教育社会学者ハーグリーブスの議論に耳を傾けてみよう。
　まず，ひと昔前までの近代（モダンな）社会においては，科学の進歩やテクノロジーの発展に対する素朴な信仰が存在し，増大する科学技術の知識を社会改革に利用しさえすれば，おのずとよりよい社会が実現すると人々は考えていた。そうした前提のもとで，たとえば経済の領域では，家庭と労働の場が分離し，大量生産を旨とする工場システムが発展した。また，政治の領域では，近代国家のもとで集権的な官僚支配のシステムが成立し，社会福祉・教育・企業活動に対するコントロールが綿密なものとなった。その一方で，そうした巨大組織や官僚制的なしくみのなかで生きる諸個人は，しばしば疎外感や意味の喪失感を経験せざるをえなかったのである。

　しかし今日の社会は，モダンな状態からポストモダンの状態へと移行しつつあるというのが，ハーグリーブスの見立てである。彼によれば，ポストモダンとは，「社会，

経済，政治，文化の諸側面で，近代（モダン）のあり方とは異なる特定の諸関係をもたらす社会的条件」のことであり，「ポストモダンの世界は，速く，圧縮されており，複雑で，しかも不確実なもの」(Hargreaves, 1994) であるという。

具体的にいうなら，情報化の急速な進行により，古い知識がすぐに陳腐化し，自然科学を代表とするような確実な知が失われる世界。工場でのモノを大量に生産するシステムに代わって，多品種のモノの少量生産や情報やサービスの生産が主流になる世界。意思決定のシステムが分権化され，専門性の減少や役割の曖昧化が生じ，チームワークによる変化に対する柔軟ですばやい対応が必要となる世界。そして，個人としての生き方が問われ，いかに信頼感のある対人関係を築けるかが問われる世界。それらが，現代の筆者たちが，まさにこれから生きようとするポストモダンの世界だと，ハーグリーブスはいうのである (Hargreaves, 1994)。

1970年代から80年代にかけて，「私生活主義」「ミーイズム」あるいは「私事化（プライヴァタイゼーション）の進行」といった言葉がさかんに取り沙汰されたことがあった。いずれも，「公的領域（職場や学校における社会生活）に対する，私的領域（家族や個人のプライベートライフ）の優越」を意味する言葉で，どちらかといえばネガティブなニュアンスで語られることが多かった（片桐，1991）。いまから思えばそれは，社会のポストモダン化の趨勢に対する，さらにはそれに適合的に成長しつつある若い世代に対する，先行世代の危機意識の現れであったということもできよう。しかしながら，私的領域を大事にしようという意識は，いまや大人世代も含めた大部分の日本人に共有されたものになりつつある。そこで改めて問題になるのが，そもそもモダンな制度として成立し，発展してきた学校の位置づけなのである。

3. 教育関係の変化——私事化社会のなかで

前章でみた，「can の時代」→「should の時代」→「must の時代」→「may の時代」という，「学校と子どもの関係性」をめぐる4つの歴史段階は，そのまま社会における学校の位置づけの変化を意味する。表2.1は，各段階の特徴を考えるために，それぞれの時代に見られた代表的な「教育問題」を抜き出してみたものである。

ここで問題にしたいのは，第三の段階から第四の段階への移行である。

みんなが学校に行かねばならなかった「must の時代」には，学校という器は，ときとして子どもたちの人間性を抑圧し，疎外する圧力を有していた。そして，蓄積された彼らのストレスのはけ口が，学校の正当性や教師の権威といった「タテ方向」に向けられたとき「校内暴力」が生じ，それが同年代の仲間という「ヨコ方向」に向け

●表2.1　学校と子どもの関係性の変化と教育問題

	段階	年代	教育問題
1	「canの時代」(行ける者だけが行く)	戦前・戦中期	未就学・長期欠席
2	「shouldの時代」(がんばった者が行く)	1970年代まで	少年非行
3	「mustの時代」(みんな行かねばならない)	70〜80年代	校内暴力・いじめ
4	「mayの時代」(必ずしも行かなくてもよい)	90年代以降	不登校・学級崩壊

られたとき「いじめ」が起こったのであった。

そうした状況は，社会のポストモダン化が進行し，「mayの時代」が到来しつつある今日，やや様変わりを見せはじめている。比喩的にいうなら，学校という圧力なべのふたがゆるんできたため，圧力がしっかりかからず，調理ができにくい状況になってきているのである。すなわち，そもそも「不登校」とは，学校という器に入れない／入らない子どもたちの存在が前提になったものであるし，「学級崩壊」とは，学級という枠におさまりきらない今日的な子どもたちが原因となって生じるものである。

私事化のさらなる進行のもとで，学校・教師と家庭との関係は，図2.1で模式的に示したような逆転現象を示していると見ることができる。すなわち，少なくとも第二段階（1970年代）までのわが国では，教師と親が手に手を取りあって，連携して子ども世代の教育にあたるという形が支配的であった（図の左側）。それが今日では，親は子どもとの距離を狭めて，親子連合が学校・教師を評価し選択するという構図になりつつあるのである（図の右側）。前章で見たように，教師は「子ども」だけでなく，「世間」を相手にせざるをえなくなっている。そして，親子の側から見れば学校は，社会のなかに準備されているさまざまな「教育の場」の一つと見なされるようになってきているのである。

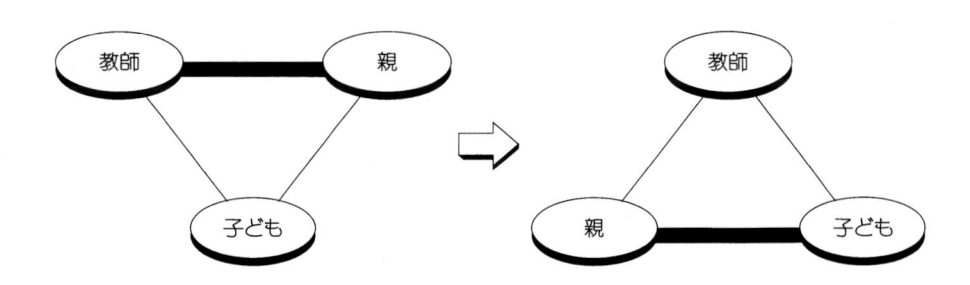

●図2.1　教師・親・子どもの三者関係の変容

4. 教育改革の動向

　こうした状況の変化は，近年のわが国の教育改革の流れにも投影されている。1980年代半ば以降，アメリカ，イギリスを代表とする先進諸国では，「ニューライト的」と称される大規模な教育改革が進行中であるが，臨時教育審議会（1984年）以後のわが国の動向も，基本的にはその流れのなかにあると見てよい。

　イギリスの教育社会学者ウィッティによると，ニューライトの教育改革は，「新保守主義」と「新自由主義」という2つの要素から成り立っているという（Whitty, 1998）。

　新保守主義とは，グローバル化する世界のなかで，改めて国家が果たす役割の重要性を説き，家族を中心とする伝統的な価値観を復活させようという動きを指す。わが国の教育現場では，最近になってまた「日の丸・君が代」問題が大きくクローズアップされ，国旗・国歌が制定されることとなったが，それは，こうした流れがわが国のなかで台頭し始めている兆しとみることができよう。

　一方の新自由主義とは，システムのむだを省き，効率をアップさせるために，教育の場に「市場原理」や「競争原理」を導入しようとする動きを指す。イギリスやアメリカの教育界では，「選択と多様性」といったスローガンがもてはやされているが，わが国でもその事情は変わらない。中等教育段階における，単位制高校や総合選択制高校といった新たなタイプの高校の創出，あるいは6年制一貫の中等教育学校の法制化，さらには高等教育段階における，国立大学の民営化（エージェンシー化）をめぐる議論や，いくつかの大学で試行されている飛び級入学の実施といった動向が，わが国の教育界にも，この新自由主義的な発想が根を下ろしつつある事実を物語っている。

　また，初等教育も含めて，ニューライト的という言葉では一括しきれない改革の動向も見られる。すなわち，知識や技能の習得よりも子どもの主体性や個性を重視した「新学力観」の推進，点数だけでなく関心・意欲・態度といった側面を重視しようとする「観点別評価」の導入，「指導から支援へ」という言葉に象徴されるような教師の基本的姿勢に関する問い直し，「心の教育」や「カウンセリングマインド」といった言葉で示される子ども理解の重要性の確認，そして教科の枠を超えた「総合的学習」の可能性の追求といった動向である。

　こうした教育の変化は，これまで述べてきたような，子どもたちを取り巻く教育環境の変化への対応を，より意識したものだといえよう。いずれにせよ，わが国の教育界は，今後これまでにないほどの変化を遂げていくものと予想される。ポストモダン

社会に生きる子どもたちのニーズにあわせた学校を構想していくことは，私たちすべての大人に課された課題である。

3 競争と平等

1. 平等概念，競争概念

　平等とは，人間はその人種，出身，性別，職業，経済力などの相違によって差別されるべきではなく，すべての者は一様に等しいという倫理思想を意味する。また，歴史的に見て法の下における平等を求める動きから土地などの所有や財産の平等化を求める動きへと発展させてきた近代思想を指す。平等主義は，近代および現代社会において重要な役割を果たし，その理念が，公教育をはじめ医療や社会保障等の制度として体現されている。

　教育における平等については，すべての者に共通の教育を保障すべきという考え方として示されてきた。すなわち，平等概念は，教育の機会は人種，性別，経済的理由などによって差別されるべきではないという教育の機会均等（equality of opportunity）概念として成り立ってきた。また，歴史的に見て，教育における平等主義の理念は，外的な条件から内的な条件へ，さらに，結果へと，その重視されるポイントが推移してきており，現代では，結果の平等を主張する動きが顕著である。

　一方，競争（competition）とは，同一の目標の達成をめぐって，複数の個人あるいは集団の間で勝ち負けや優劣を競いあう社会関係を意味する。暴力などの物理的な力をもってことがらを処理する戦争などとは異なる抗争の一種である。この競争は人々の精神に高揚感をもたらしたり，時に深刻なダメージを与えることもある。

　競争は教育の場を含め社会のあらゆる場面に見られる。そのなかで，人間が成長する過程で最初に競争を経験するのが家族におけるきょうだい関係といわれている。教育の場や社会において存在する適度な競争や競争心は，学習の目標を達成するにあたって効果のあるものとされ，学習の動機づけとして考えられている。しかし，過度の競争や競争心をあおることは，その結果において，挫折感や劣等感の発生をもたらしたり，利己主義的な人間を生み出すなどの弊害も指摘されている。

2. 受験をめぐる競争と中央教育審議会答申（1999）

　授業や生活場面をはじめ学校教育のさまざまな場面において競争の存在を認めることができるが，教育の場面における競争として，人々の関心は受験の存在に集中する。
　そして，「受験地獄」とか「受験ノイローゼ」の言葉を生み出すなど，受験のもたらす負の側面が強調され，親の学歴信仰の修正，入試方法の改善など，受験をめぐる現状のついての改善策がさまざまに提言され，実施されてきた。しかし，根本的な解決を見るには至らず現在に至っている。
　この点について，中央教育審議会「初等中等教育と高等教育との接続の改善について」（答申，1999［平成11］年12月16日）は，戦後半世紀の教育の発展とその課題について，その歩みを振り返り，まずは，教育の量的拡大が教育の機会均等に寄与し，国民の教育水準を高め，経済社会の成長と発展に寄与したとする。
　しかし，進学率の上昇等にともない，多くの国民が「受験戦争」に参加せざるを得ない状況になった，との認識を示している。すなわち，「高度成長期における大学等への進学率の上昇の際には，進学需要の高い伸びを背景に，『過度の受験競争』に多くの子供や親が関わる事態が出現し，以後，このような事態が続いている」と述べ，「受験競争」が多くの国民の問題になったと指摘している。
　これに対して，同答申は，入学者選抜の改善について，「公平」の概念の多元化を提起している。同審議会は，学力試験による１点差刻みの客観的公平のみに固執することは問題であると指摘し，選抜を行うにあたって，何が公平かについて，多元的な尺度を取り入れることが必要である，と提言している。すなわち，点数の多少という尺度をもって優劣をつけることの他にも，別のさまざまな尺度の開発を図るべきであるという。
　その例として，学力検査のみの選抜を行うところがあってもよいし，多様な方法による選抜があってもよいとする。そして，その際には，教科・科目の基礎的な知識量だけでなく，論理的思考能力や表現力等の学習を支える基本的な能力・技能や大学で学ぶ意欲の判定，入学時点での学力だけではなく入学後に伸びる可能性も考慮に入れた判定，などが必要であるとする。
　そのうえで，同審議会は，社会に対して，このような選抜方法の多様化・評価尺度の多元化の意義を認めることを，また，大学側の多様な試みについての支援を求めている。
　このように，入学者選抜の問題については，競争概念ともに，一方に偏らずに正当

とされる「公平」や「公正」概念が介在し，その意味するところが問われることに注目する必要がある。すなわち，競争を問題にする時，それが「公正」と社会的に是認されるものであるかが重要な意味をもつようになってきている。

3.「公正モデル」の提起

　公教育の歴史をたどると，平等理念が「教育の機会均等」概念として成り立ってきたこと，および，この「教育の機会均等」概念自体が多分に多義的であり歴史的に変遷が見られることがとらえられる。この点について，高倉（1996）は「教育の機会均等」概念を，①配分的正義を是とする「能力主義」と平等的正義を是とする「平等主義」の2類型，②「機会の平等（均等）」と「結果の平等（均等）」の2類型，③「アクセスの平等（均等）」「機会の平等（均等）」「結果の平等（均等）」の3類型，の3者に整理する。

　このうち，②について，「機会の平等」は「能力主義」的「機会の平等」と「平等主義」的「機会の平等」に区分することができ，歴史的には，「機会の平等」から「結果の平等」へと変遷しているという。また，③について，「アクセスの平等（均等）」では「学校の平等な利用可能性」，「機会の平等（均等）」では「能力に応じた適切な教育の提供」，「結果の平等（均等）」では「異なった社会的，経済的，文化的な諸集団に横断的な最終的達成度」に重点が置かれているという。すなわち，個々人における生活環境の障害の除去よりも社会の諸集団間の平等の実現が強調されるのである。

　そのうえで，高倉は，「平等モデル」ないし「結果の平等」の類型を克服するものとして「公正モデル」を次のように提言している。

　まず，教育における「不公正」とは，子どもの置かれている家庭や経済の状態などの「環境の平等」に配慮せず，教育・学習の内容・方法などに関して「平等」を「画一」と同一視する教育であるという。そして，「公正モデル」は，(a)社会的，経済的，文化的な環境条件の《実質的平等》（「環境の平等」）のための施策を前提に，(b)「個に応じた《多様な教育》」の機会を提供するものであるとする。また，同時に，「公正モデル」には，「教育の質」の問題として《多様な教育》に加えて，「《質》(quality)の向上」ないし「《卓越性》(excellence)の要請」が内包されているという。すなわち，環境の平等を図る施策とともに，それぞれの個に応じた教育の提供のもとに，質の向上をめざすことが「公正」にあたり，この追求こそ現代の課題であるという。（高倉，1996）

このように，平等概念や競争概念が立脚する基盤として「公正」概念の指摘は重要である。とともに，その概念の一層の明確化が今後の課題としてさらに重みをもってくることを受け止める必要があるといえよう。

4. 教室における競争――競争心の刺激と抑制

(1) 競争心の刺激

ところで，教室に目をむけるならば，そこにもさまざまなかたちで子どもの競争心を刺激し互いに競争しあう雰囲気や仕組みが存在する。たとえば，子どもたちを互いに競わせ競争心を刺激することによって学級の活力を生み出したり，学習意欲の乏しい子どもの意欲づけの手立てとして競争心を刺激する手法がとられることもある。また，学級集団の秩序の維持や管理のための手法として子どもたちの競争心を利用する取り組みが展開されたりするのである。

このような，子どもたちの競争心に訴えるさまざまな学級経営の手法として，たとえば，集団主義教育思想を基盤にした学級づくりをあげることができる。この実践は，班を，集団と個人の関わりや集団の一員としての自覚を高める道具としてとらえるとともに，班単位の活動や班相互の競争を重視する。また，「班づくり」「核づくり」「討議づくり」と呼ばれる方法を用いて学級集団づくりをめざし，その展開の道筋を，①自然発生的な仲間集団が形成される段階，②リーダー層が出現して学級の活動が支えられる段階，③学級成員すべてによって学級の活動が支えられる段階，というかたちで示している。

東西の冷戦の崩壊により集団主義教育思想が日本の学校や教室に与えてきた影響力は弱まったといえよう。しかし，その教育思想的な立場はともかくとして，このような班による競争は，多くの学級担任が学級経営の手法として取り入れており，その広がりにおいて影響力は無視できないものがある。

その意味で，班競争のメリット，デメリットについて十分理解が学級担任に求められている。すなわち，班競争に敗れた班において，その原因となった特定の子どもが同じ班の仲間から責任を追求され個人的な攻撃を受ける事例などが一部に報告され，過度の班競争の問題点も指摘されてきた。この点をふまえ，学級経営技術の洗練が課題とされている。

(2) 競争心の抑制

その一方，教室における競争を過度に抑制する考え方も存在する。すなわち，子ど

もたちを競わせることに，学級担任を中心に時には神経質と思われるくらいきわめて慎重な，そして，アレルギーともいえるような反応が見られることもある。

　そこでは，子どもたちの競争自体が「よくないこと」としてとらえられたり，極端な平等主義が展開されて，学級・学校におけるあらゆる競争を抑制したり否定しようとする声が会議の雰囲気や方向を支配することも少なくない。

　いずれにしても，子どもたちの競争心を過度に刺激することは問題を生み出すとともに，過度の抑制もまた，子どもの成長や学級生活に歪みをもたらすことに留意する必要がある。

　子どもたちの競争心の過度の抑制や制限が，かえってそのエネルギーを不自然なかたちで内向させてしまうということである。すなわち，子どもの攻撃的なエネルギーが教師による競争の抑制やあるいは一切の否定によって，教師の目にふれられない世界に潜航してしまい内向化してしまうことの弊害についての配慮が，また，子どもたちの鬱積したエネルギーを解放することもまた必要である。

5. 学級の環境づくりとしての多元的な学級文化の育成

　互いに競うことによってもたらされる結果について，多角的にとらえたり，多様な価値基準をもってとらえる発想や問題意識を持ち合わせていない学級においては，競争のもたらす負の側面がより露になるであろう。すなわち，子どもたちの他への攻撃性を高めたり不信感を醸成したり，という姿が目につくことになるかもしれない。

　この点をいかに防ぐかが今日の学級経営の課題といえよう。すなわち，子どもに内在する他者との相対的な比較による優劣に支配された競争心を，自らが自らを高めていくことへの挑戦意欲に転換を図っていくことに今日の中心的な課題として位置づけられる必要がある。

　そのために，学級の環境づくりにあたって多元的な学級文化の育成という次にあげるような視点をもって取り組むことが求められる。

　第一に，一人ひとりの子どもの価値観が尊重にされ，それぞれの存在が受容され，互いの人間関係が形成される多元的学級文化を育てていくこと。教室におけるさまざまな営みにおいても，多様で多元的な価値の実現が図られ，学校生活全体において息づいていることが大切である。

　第二に，学級の子どもたちすべてが総力をあげて取り組み，達成感や成就感が得られ，学級集団が生活および学習の共同体に質的な転換を図る契機を有する課題を，子どもと学級担任が共に創り出すこと。教室において生み出される感動体験は相互作用

をうながし強い仲間意識や連帯感を育てる力をもっている。すなわち，自分と同じような感情を仲間がもったということを知ることによって，他者の存在を受け止めたり，思いやりることや大切さを感じとる感性を育てることになるのである。

　第三に，「自らへの挑戦」という考え方を子どもたちに伝え，育てていくこと。それは，子どもの目を相手から目標に向けることであり，自己の内面に向ける働きかけである。すなわち，他者との比較における競争だけでなく，自らに向かって挑戦をはかるという生き方・在り方があることを，また，そのことがきわめて大切であることを子どもたちに気づかせる働きかけが必要である。

4 教育言説の視点から教育論を解きほぐす
——「いじめ」論議を中心に

1. 教育言説

　人文・社会科学の諸分野で近年「ディスコース」研究が高まってきた。「ディスコース（discourse）」あるいは「ディスクール（discours）」は，談話，言語表現，論述，講義などを意味し，一般に「言説」と訳される。「言説」研究は，身近な会話分析から社会問題論あるいは学説の解明など，幅広く行われている。ここではフーコー（1981）の言説論に従い，人々の思考や価値判断，行動に強い影響力を及ぼす一定の言葉や論述としての言説に注目しよう。教育問題についても，言説を対象化して検討する作業が求められるようになっている。つまり，教育問題の立て方や教育論のなかにある考え方，価値判断などを表す一定の言葉や言語表現について，それらを当然のものとして受け入れるのではなく，距離をおいて根本から問い直そうという作業である。
　たとえば，「教育の多様性」「個性尊重」といった現代教育改革を主導する文教政策上のキーワードから，「がんばれば能力は伸びる」「男子は理系，女子は文系」といった日常生活上の言い回しに至るまで，意味内容も曖昧で根拠もいまひとつはっきりしないのに，人々が当然のことのように受け入れて，教育の目標や指針，価値判断などの基準や枠組みとなっている言語表現は多い。そうした言語表現を口にするだけで殺し文句のように議論が方向づけられるのだが，人々は多様な意味を込めて自分勝手に使うことがあり，そのために議論が空転し，不毛に終わることもしばしばである。
　さて，教育言説を次のように定義しよう。「教育に関する一定のまとまりをもった論述で，聖性が付与されて人々を幻惑させる力をもち，教育に関する認識や価値判断の基本枠組みとなり，実践の動機づけや指針として機能するもの」をいう（今津，1997）。
　この定義について少し補足しておくと，「一定のまとまりをもった論述」とは，かりに断片的な言葉であっても，教育に関する一定の主義主張が込められている場合も含まれる。また，この論述は学術研究の叙述に限定されず，日常的用語から政策行政

の言語まで広く包含される。そして，いくつかの言説が対抗しあって，そのなかで強力な言説がいわば教義のように「聖性」を帯びつつどのように定着していくか，という過程が重要である。

次に，具体的な事例として「いじめ」をめぐる教育論議を取り上げてみたい。現代の教育が抱える重大な問題の一つとして世論の対象となり，「いじめの根絶」が各方面で叫ばれ，政府もその対策に追われてきたが，議論が白熱しているわりに内容は錯綜して上滑りに流れている面がある。そこで，教育言説の観点から内容を整理しつつ，いくつかの問題点を指摘しよう。

2. いじめの社会問題化

従来は「いじめる」という動詞として使われていたのに，「いじめ」という名詞が新たに登場したのは，1980年頃だといわれている（伊藤，1997；芹沢，1998）。それは，「いじめ」が社会問題として対象化されるようになったことを意味しているといってよい。子どもたちの「いじめる」行為はごく日常的に見られる現象であり，1980年頃まではあえて問題として取り上げられることもなかった。それが社会問題として注目されるようになったのは，1979年に埼玉県上福岡市で起こったいじめによる中学1年生の自殺事件が大きなきっかけとなった。

在日朝鮮人三世であった少年がいじめられていたことはクラスの子どもたちが知っていたにもかかわらず，学校と教育委員会はいじめの存在を認めない『報告書』を出し，また民族差別問題にも曖昧な態度をとったために，マスコミや市民団体が追及に乗り出した。学校側は再調査をして，結局いじめの存在を認める『報告書』を出し直すに至る（金，1989）。このように，いじめそのものだけでなく，いじめ発生後に問題を隠蔽したりして適切な対応をとろうとしない学校の体質も同時に問われ，それが論議を拡大させ，世論の関心を高めて社会問題化させていった側面も見落とすことはできない。

こうして，「いじめによる子どもたちの自殺」→「マスコミの報道」→「学校の対応の不備」→「マスコミによる追及」→「世論の関心」……という一連の過程が繰り返し80年代から90年代を通して全国に広がっていった。そして，いじめによる子どもの自殺が相次ぐという状況をどう理解したらよいかわからないという親たちの不安や，学校の対応の不備への不満感・不信感などからくる人々の緊張の高まりの結果，ついに「政府・文部省による緊急対策」が一連の過程に付け加わることになる。

緊急対策の第一弾となったのは，80年代前半の相次ぐいじめ自殺事件を受けて，

1985年に文部省が「児童生徒の問題行動に関する検討会議」を設置し、実態調査を行うとともに「緊急提言——いじめの問題の解決のためのアピール」を出したことである。ちょうど臨時教育審議会が答申案を審議している最中のことであった。その提言の冒頭にはいじめ問題の基本認識として「いじめは、児童生徒の心身に大きな影響を及ぼす深刻な問題であり、その原因も根深いものである」「いじめは、今日の児童生徒の心の問題が深く介在している問題である」など5項目があげられた。

この注意喚起にうながされて各地域の取り組みが一定の効果をあげたのか、いじめ報告件数はその後減少していった。しかし実際にはいじめは隠れたかたちでずっと続いていた。90年代に入って再びいじめ自殺事件がクローズアップされ、80年代以上のいじめの実態が次々と明らかにされるなかで、1994年に当時の村山首相は「いじめは根絶するくらいの気構えで政府あげて取り組まねば」とテレビニュースの記者団に語り、それ以後「いじめの根絶」という表現が一般的となる。文部省はすぐさま「いじめ対策緊急会議」を設置し、第二弾の「緊急アピール」を出す（毎日新聞社社会部編, 1995, 巻末資料）。その提言には「いじめがあるのではないかとの問題意識を持って、すべての学校において、直ちに学校をあげて総点検を行うとともに、実情を把握し、適切な対応をとること」「学校・家庭・社会は、社会で許されない行為は子どもでも許されないとの強い認識に立って子どもに臨むべきであり、子どももその自覚を持つこと」など6項目があげられ、形式的な85年アピールとは違って、94年のそれは緊迫感が伝わってくる内容となった。

3. 教育言説としての「いじめ」論議

さて、いじめ発生後に学校の対応の不備が繰り返されていったのは、いじめの定義や実態把握、いじめへの対応や防止策などについて、学校や教育委員会が基本方針を確立しておらず、各学校での教師の意見も不明確で一致していないことが理由としてあげられる。その背後には、いじめをめぐる異なった言説の存在を指摘することができよう。以下に、3つの点それぞれについて、互いに対抗するような言説を整理してみたい。

(1) いじめの定義

文部省が1985年以来行っている調査のための基準が、学校現場ではいじめの定義としてよく用いられてきた。いじめ統計にあげるものは「①自分よりも弱いものに対して一方的に、②身体的・心理的な攻撃を継続的に加え、③相手が深刻な苦痛を感じて

いるもの（であって，学校としてその事実——関係児童生徒，いじめの内容等——を確認しているもの）」である。しかし，現場の教師たちが主として②の加害行為に注目するか，③の被害感情のほうを重視するかで，いじめのとらえ方は異なってくる。②に注目すれば，外見上観察しやすいいじめに偏りがちで，③の内面は見落とされやすい。80年代にはもっぱら②が中心であり，「継続的」とはどの程度をいうのか，などの議論が繰り返された。しかも，学校が「事実を確認」していなければいじめは存在しないとみなされがちであった。つまり，傍観者的な立場からいじめが定義づけられたといってよいだろう。

ところが，そうした定義の仕方の間隙をぬうようにしていじめは続き，自殺事件があとを絶たない現実が明らかになった90年代になって，③の被害感情が重視されるようになった。加害方法も多様化して，外からはわからないいじめや加害の意図さえない遊びのようないじめが目立つようになったこともある。こうして，子どもどうしのいざこざという傍観者的見方から，被害者の人権の立場に立つという新たな方向性が打ち出されてくるのである。94年アピールの「いじめがあるのではないかとの問題意識」というのも，外面上問題がなさそうに見えても，子どもたちの内面を探る努力を，という趣旨だと理解できる。とはいえ，外面中心の定義も依然として流通しており，いじめの定義というごく基本的なところでいまなお議論が錯綜している状況である。

また，いじめ研究の進展のなかで，加害者と被害者だけでなく，両者を取り巻き，いじめをはやしたてたりする「観衆」や，さらにその外側にあって，いじめについて見て見ぬふりをする「傍観者」の存在が，いじめを持続させ陰湿なものにしていくしくみが明らかにされていった（森田・清永，1986）。「観衆」や「傍観者」といった仲間たちも結果としていじめに荷担しているという見方に立てば，加害者は多くなり，いじめ克服の指導対象もさらに広がることになる。

⑵　いじめの価値判断

いじめ問題は英語で bully/victim problem という。「いじめる者」と「犠牲者」との関係性の問題である。日本では「いじめっ子」「いじめられっ子」と突き放したようなかたちで言い習わされてきた。「いじめられっ子」は英語では「犠牲者」として，いじめは悪であるという価値判断が明確にされた表現となっているのに対し，日本語では両者を傍観者的にとらえ，天秤にかけて「いじめっ子」も悪いが「いじめられっ子」にも問題がある，といった価値判断を下すことが多かった。80年代を通じて，ＰＴＡの会合でいじめが議論になっても，「いじめっ子」ではなくて「いじめられっ子」のほうが非難されるといった事態もしばしば見られたのである。

こうした議論の背景には，現代の序列競争社会のなかでは力を発揮し勝つことに価値が置かれ，弱くて負けることに価値はない，という一般的な価値基準が存在すると考えられる。「いじめられっ子だけにはなるな」と親に言われても，現実には理想通りいくわけではないから，いじめられてしまった子はこの価値基準のなかでますます追いつめられることになる。94年アピールで「社会で許されない行為は子どもでも許されないとの強い認識に立って」と強調されたのも，そうした一般的価値基準への反省を求めたものであったといえよう。しかし，いじめられっ子のほうを非難する風潮はなお根強い。

(3) いじめの「根絶」

　90年代半ば以降，「いじめの根絶」という表現が十分な検討もなく，マスコミを含めて社会一般のスローガンとして採択された。もちろん，いじめはないほうがよい。しかし，実際にはいじめを根本から完全になくすことは不可能に近く，「根絶」は非現実的である。にもかかわらず「根絶」という言葉が使われたのは，80年代以降，対策がとられてもなかなかいじめがなくならないといういらだち，それどころか繰り返されるいじめによる自殺，安心して過ごせる場ではないというマイナスイメージを帯びてしまった学校，そうした状況から生まれる社会不安を鎮めるために好都合だったからだろう。つまり，この言葉をスローガンとして掲げるだけで，あたかも問題解決したかのような気分にさせる呪文の働きをもつと考えることができる。
　これに対して，別の言説が主張される。すなわち「根絶」といった姿勢での取り組みでは，子どもたちの行動を管理主義的に封じ込めることにもなりかねない。むしろ現実的であり，重要なことは，いじめの発生を少しでも予防することと，かりに発生しても早期に発見して適切な対応が図れるような日頃の取り組みを確立することである。そして，このとらえ方にそった地道な努力を積み重ねる学校も現れている。

　以上，3つの論点に関して，せめぎあい対抗しあう考え方を整理してきた。要約すると，いじめ行為を傍観者的にとらえて問題を隠蔽ないし封じ込めてしまうのか，あるいは犠牲者の内面を探りつつ問題解決のために介入的努力を積み上げていくのか，それはいじめ論の組み立て方や展開の仕方と関わっている。

4. その他の教育言説

　いじめ問題を例にして述べてきたように，ある教育問題そのものにすぐさま飛びつ

くのではなく，その教育問題に関するさまざまな論じ方や問題の立て方，価値判断の仕方について，少し立ち止まって冷静に検討することは，不毛な論議の空転を避けて，教育問題の認識の仕方をつねに自覚しながら，問題解決に向かう議論を前進させるうえで必要である。

　そして，教育の論じ方や問題の立て方などに注目することは，一定の論述の字面の背後に潜む，より大きな社会の統制的仕組みに気づく作業ともなる。

　たとえば，冒頭に掲げた教育言説「個性尊重」を取り上げてみよう。この言葉に反対する人はいないであろう。それほど，この言葉は当然のこととして受け入れられ，魅力ある用語として定着している。しかし，個性は白紙の状態のなかで自由に発揮されていくのではない。それは，学歴（学校歴）主義や階層社会の序列競争の現実におかれた教育体制のなかで実際にはかたち作られていく。進路指導が個々の生徒を序列社会の各地位へと割り振っていくという内実をもっているにもかかわらず，子どもたちの能力の違いは個性の違いに置き換えられ，「個性尊重」という美しい言葉がその内実を柔らかく覆い隠す機能を果たすことも多い（田中，1997）。

　あるいは「がんばれば能力は伸びる」という言説について。日常会話に頻繁に用いられる「がんばる（perseverance）」という言葉は，外国人研究者が日本の教育や文化の特徴を解くキーワードの一つとして注目している（デューク，1986，第7章）。この言い回しのなかには，能力は生得的なものでなく，後天的に発達するという能力観が込められており，忍耐しながら根気よく努力を続けていけば，何らかの業績を達成しうる能力向上が実現できるという一種の信仰に近い考え方が込められている。この言葉を繰り返し使用することで，日本人は勉学や仕事に取り組む動機づけとしてきたのだと考えることができよう。もちろん実際には，がんばれば必ず能力が伸びるというわけではなく，それは幻想的性格をはらんでいた。現在では，能力が伸びるどころか，がんばりすぎからさまざまな病理が生み出されているために，この言葉も絶対的に受け止められることは少なくなり，相対化されるようになってきている。

　この他にもいろいろな教育言説がある。言説は教育現実を一面で構成する。この言説の世界に注目することは，教育現実を狭くとらえることなく，少し距離をおいて相対化して検討し直すうえで有効なアプローチであると考える。

5 自らの教育を振り返る

1.「できる」と「わかる」

　アニメ映画『おもひで　ぽろぽろ』のなかで，子ども時代の主人公が，皿の上のリンゴを，フォークでいじりながら，「だって，3分の2のリンゴを4分の1で割るなんて，どういうことか，全然，想像できないんだもの！」と，ぼやいている場面がある。姉に，「分母と分子をひっくり返して掛ければいいの！」と言われるが納得がいかないのである。
　たしかに，分数の割り算は，演算自体は割る数をひっくり返して掛ける簡単なものである。しかし，なぜそうなるかの理由となると，それほど簡単ではない。それに，そもそも4分の1で割るということが，無理なく想像できるだろうか。
　先年，教員養成学部に入学してきたばかりの1年生に簡単な調査をした。受験の忙しさを理由に，気になりながらも，そのまま放置してきた学習事項を算数・数学のなかであげてもらうという調査である。調査の結果で驚いたのは，総体的に言って，そのようなかたちで気にしている事項が，そもそもあまりあがってこないという事実であった。
　現在の学習指導の平均的な有様を考慮すれば，指導が充分だから問題を感じる点が少ない，というのではないだろう。学習の不全感の意識化の程度が少ないのである。メタ認知が弱いといってもよい。「分数で割るのは逆さにして掛ける」という事項は，「マイナス掛けるマイナスはプラスになる」などと共にわかり難い典型的なものであるから，もちろんあげられてはいるが，その割合は決して高くない。逆さにして掛けるのを学習当時ある程度気にしたというものは，20％程度であり，自分なりの解決を見いだすための努力をしたと回答したものは数％であった。
　アニメ映画『おもひで　ぽろぽろ』の女性主人公が，分数の割り算は人生の岐路だったような気がすると述懐するところがある。分数の割り算でつまずかなかった人は，その後順調に人生を歩んでいくが，分数の割り算に引っかかってしまったものは，その後の人生がスムーズにいかないというのである。オーバーな言い回しであるが，わ

かろうとしても，わかることができずそれを引きずってしまった人間と，そうでない頓着しない人間の差を言い当てているかも知れない。

　大学生の学力低下がさけばれているが，教員養成学部1年生が，さすがに「分数割る分数」ができないわけはない。できるのである。しかし，先に述べたような調査結果であるから，わかってはいない。「できる」けれど「わかっていない」のである。演習などで接していて，何かが「できる」と，それを「わかっている」と学生が勘違いしているのではないかと感じることも少なくない。

　教師をめざす人たちは，このような状態を，自分たちが受けてきた教育の弱点としてはっきり意識しておく必要があるように思う。皆さんが教える立場に立ったとき，果たして『おもひで　ぽろぽろ』の主人公を作らないですむのだろうか。皆さんが悩んだことや，不問に付してきたことを，次の世代にそのままリレーのように送ってよいのだろうか。リレーを断ち切る努力をしておいて欲しいと思うのである。

2.「できる」に存在する陰の部分

　「できる」けれど「わかっていない」と述べた。実はこの言い方は誤解を招きやすい。「わかって」いようが「そうでなかろう」が，「できる」のであれば，問題はないと考えられるかもしれないからである。

　実は「わかっていない」けれど「できる」ときの，「できる」は，できる範囲がかなり狭く限定されたものなのである。いま，①のような絶対値の記号の付いた不等式があるとしよう。このような不等式の正解率は高い。多くの学生は，$x-2$ を，-3 と 3 ではさみ正答する。一部のものは，両辺を 2 乗して求める。これも正解である。ただ，なぜこのようにして解くのかと質問すると，多くの学生は，このように習ったからといった不十分な説明しかできない。「できる」けれど「わかっていない」のである。

　① $|x-2|<3$

　①の問題で，不十分な説明しかできない学生は，②のような2重の絶対値記号の問題や，③のような絶対値の並んだ問題を与えられると，お手上げである。

　② $||x-2|-1|<3$
　③ $|x-1|+|x-2|<3$

しかし、①の問題で、$x-2$ が正の場合と、負の場合とに分けて、それぞれで不等式を解き、それらの条件を合わせて答えるものや、-3 と 3 ではさむ理由を述べられるものや、2乗する理由を述べられるものは、②③になっても解くことができる。①を「わかって」いれば、②③にも解答できるのである。しかし、①で「できる」が「わかっていない」ものは、「できる」といっても、②③には解答できず、その「できる」範囲は狭く限定されたものなのである。

したがって、「わかっていない」けれど「できる」は不十分なのである。「できる」から問題ない、ということにはならないのである。

(1) 求積に関する学力の実態

事態は小学校でも同様である。面積の課題を例にあげよう。公式を学習ずみの子どもたちに、「高さ」と底辺の数値が示された平行四辺形の求積課題を与えると、ほぼ全員が正答する。しかし、「高さ」ではなくて「斜辺」と底辺との数値が示された課題で、「求められない」と正しく回答するものは、2/3に過ぎない。もちろん、調査の際に、課題がそもそも解けないものだと思うときには、そのように答えるように指示してある。それにもかかわらず、1/3のものは「斜辺」と底辺の数値を掛けるのである。また、「高さ」と「斜辺」と底辺の3つの数値が与えられた課題では、3つの数値を全部掛けるものも少なからず存在する。斜辺を選ぶものもいる。

さて、「高さ」と底辺の数値が示された標準的な平行四辺形の求積課題で、ほぼ全員が正答するとき、彼らは望ましい学力を獲得しているのだろうか。そうではないだろう。通常の課題では、データの与えられ方が「必要十分」的なので、何か掛ければ面積が求められるという程度の考えでも「できる」のである。しかし、データ不足の課題、データ過剰の課題等で調べると簡単にもろさを露呈するのである。

獲得された学力をみるのに、指導時に用いた課題と同種のものしか使用しないことが多い。それで何が問題なのかと思われるかも知れないが、それらの課題ができたからといって、われわれが期待する望ましい学力が獲得されているとは限らないのは、今見たとおりである。

(2) 不全感の重要性

現代の学習の問題は根が深いと思う。できない子はもちろん心配であるが、「できる子」は問題ないかというとそうではない。よく見ると「できる子」の多くも、単純な同質性の高い標準的な課題によって、できているように見えるだけなのではないかと思われる。学校文化の特殊性によって、できているように見えるだけなのかもしれ

ないのである。

　「できる」から「わかって」いるだろうと考えるのには危険がある。また，われわれ教育関係者が，自分は「できる」から「教えられる」だろうと考えるのも，陥りやすい思い込みである。教えられるほどに，わかっているのか，を点検する必要があるのである。また，逆に自己の学習の不全感は，自分もそうだったという意味で，相手を理解でき，より深い教材解釈にもつながり，学習指導のよい契機ともなりうるものである。そういう意味で，自己の学習の不全感，またはその経験を大事にしなければならないのである。

3. 「苦手」と「できない」に存在する光の部分

　「できる」ことの危うさについて述べたが，今度は逆のことを考えてみよう。「できない」ことに関する「すくい」の部分である。

　通常，あることが「苦手」な人は，そのことについて「できない」ことが多い。逆に，「できない」分野に関して「苦手」意識をもつことも多い。このように，「苦手」と「できない」は同居しているのが普通であるから，「苦手」ということは，「できない」ということと同じだと考えられているようである。

　しかし，よく考えてみると，「苦手」というのは，ただ単に「できない」という状態を指している言葉ではない。たとえば，ブランスフォードら（Bransford and Stein, 1984）は，故障した自動車のウインカーの例をあげている。多くの人は，この問題を問われると，まず「私は車のことを何も知らない」と後込みをするのであるが，よく考えるようにうながされると，自分が思っていた以上に，関連知識があることに気づくのだという。また，それらを使って簡単な原因推測を行うこともできるのだという。

　この例が示しているのは，人はそれなりの知識をもっているのに，それを十分に生かすことができないでいるということである。そして，それが「苦手」という状態の大きな特徴なのではないかということである。すなわち，実際にやればある程度はできるのに，最初から「できない」と決めてかかっているのである。したがって，「苦手」というのは，単純に「できない」というのではなくて，必要以上に，または実際以上に「できない」と感じている状態なのである。

　やればある程度できるのに，「できない」と最初から決めてかかるのはなぜだろう。それに対する答えは簡単だと思う。自分が「できない」という事実に直面するのが，いやなのである。「できない」かも知れないので，逃げ腰になるのである。

　ホルト（Holt, 1964）の『いかにして子どもたちは失敗するか』には，子どもたち

が失敗することをいかに恐れるか、そして自分がバカに見えないようにいかに腐心するか、そしてそのために、学業そのものの理解ではなく、事態を切り抜けるためのその場限りの手だてをいかに使っているか、そして結果として学ぶことにいかに失敗しているかが、克明に描かれている。

(1) 苦手と引きこもり

　「できない」場面は、自分自身の無能力を意識させられることになるので避けたいのである。そして、これが「苦手」意識の源泉なのである。
　「苦手」が問題なのは、実際に「できない」ことを超えて、必要以上に「できない」と感じる弊害があるからだと述べた。そう感じて必要以上に引きこもるのである。そう感じて必要以上に引きこもるのは、「できない」ことの理由が、自分自身に明確になっていないからなのである。
　たとえば、ある人がある課題を「できない」としよう。その人が、「できない」理由として、その課題を達成するのに必要な一部の知識が足りないからだ、と知っていたとしよう。そのとき、その人は、その課題が「できない」からといって、その課題の属する領域・分野全体に関する自分の能力や、もっと一般的な自分の能力のなさを嘆いたりするだろうか。そうはしないであろう。自分の得手、不得手を自覚している人物が、あることが「できない」からといって、自分の一般的能力に関して不安をもつことには必ずしもならないのである。
　しかし、なぜ「できない」のかが、自分自身に明確になっていなかったとしよう。その場合には、不安は一般的能力に向かいやすいだろう。問題点が明確になっていないので、他に原因を求められないからである。
　「できない」ことは、考えてみれば、本来、自己の能力に関する不安と必然的に直結するものではない。ある課題の達成に関する必要な知識やことがらの適切な認識をもっており、自己に関する的確な像をもっておれば、「できない」からといって、一般的な能力にダイレクトに理由を求めたりはしない。これらの認識が不十分であるから、一般的な能力に原因を求め、必要以上の引きこもりをしてしまうのである。

(2) 「できる」と「できない」の差

　一つ例をあげたい。大学入試からかなり時間のたった2〜4年生に、2次不等式の課題（$x^2+bx+c>0$, $x^2+bx+c<0$ のそれぞれについて $D>0$, $D=0$, $D<0$ となるように係数が定めてある6問）を解いてもらった。全問正解のものは約1割しかない。残りのものは惨憺たる成績である。成績で見る限り、両者の差は著しく大きい。

上学年になっても正答可能な約1割のものはグラフで理解して学習したと述べる。残りのできなくなっているものは，不等号の向き2通りと，判別式3通りの6条件で機械的に暗記したと述べる。機械的に暗記をしたので忘れるのである。そこで，できないものに，できるもののグラフでの理解の仕方を，B4紙1枚で教示した。結果は遅延テストも含めてほぼ全問正解であった。

　この例が示しているのは，結果としての成績の隔たりは大きいが，それは僅かな差から生み出されているということである。問題点さえ明確になれば，「できない」ことへの対応は可能なのである。問題点を明確にできれば，必要以上に引きこもり「苦手」意識をもたなくてすむはずなのである。

　教師をめざす人たちには，少数でよいから，ぜひ自分の「できない」を分析して，問題点を明確にし，これがわからなかったから「苦手」だったのだなと実感して欲しいと思う。

4. 自らの教育を振り返る

　ここまで，認知的な学習，それも算数・数学の学習にかぎって述べてきたが，自分のわかり方や苦手に対する考え方などが，教師という立場に立ったときの教え方に，大きく影響を与えそうだということは実感してもらえると思う。

　他の職業でも大なり小なりそうなのであるが，特に教師という職業は，教師自身の知識のありようや，考え方が，仕事のやり方や結果に大きく影響を与える。丸暗記が学習の基本だと思って学習してきた人は，教師になれば子どもに丸暗記を強いることを当然だと考えかねないのである。わかることが大事だと考えながら学んできた人は，おそらくわかることを大事にした学習指導をめざすであろう。

　同様のことは学習の領域に限らない。他者との調整能力を育ててきた人は，学級で生起する問題について，そもそも問題は起きるものであり，その解決過程にこそ学級構成員の絶好の学習があると考えられる可能性は高いであろう。しかし，調整能力を育んでこなかった人は，学級の運営において，問題の発生すること自体をおそれ，過度の規範で重苦しいクラス，構成員が形式的に行動するクラスを作ってしまうかもしれないのである。

　教師になるのに自分の受けてきた教育や自己を点検しておくことが望ましい。それは，相対的に弱い立場の子どもたちの前に，教師として立てば，教師の「自分」が非常に「生」のかたちで現れ影響を与えるからである。情緒の安定した，アイデンティティの確立された，オープンマインドな教師が望まれる所以である。

2部
学校という存在

6 学校というもの
7 現代日本の教育と学校制度
8 学校組織
9 学級制度
10 地域社会との共生
11 学級集団
12 学校像の模索

6 学校というもの

　さまざまな問題を抱えた日本の学校は，大きな改革が求められている。学校は，子どもにとってどのような意味をもつのか，また，社会のなかでどのような働きを果たすのかを歴史を振り返って検討し，新たな学校のあり方をさぐる手がかりを得ることにしたい。

1．制度としての学校

　学校の発生は，社会の生産力の向上と文字による文化の発展にともなうものであった。英語 school の語源がギリシア語の「余暇」からきているように，古代の学校は，労働から解放されて経済的にも時間的にも余裕のある階級の人々が集い，日常生活では得られない学術を修める特権的な場であった。文字の読み書きができ，高度な知識を専有することは，社会での支配力の獲得にもつながった。
　すべての民衆の子どもに対する初等教育を行う学校の誕生は，近代社会の成立と結びついている。そもそも子どもが大人と区別されて保護や教育の対象となったのは，近代に入ってのことである。イギリスでは，産業革命によって農村を追われ都市に流入してきた人々を工場での労働力とする必要が生じた。社会に順応して社会の秩序を維持するための実用的な知識と徳性を養う教育が，学校で行われることになった。民衆の側でも社会生活に必要な学校教育を欲する動きがあった。フランスでは，フランス革命を契機とした市民社会の成立過程において，教育の権利が市民の権利とされ，公教育が学校で進められることになった。
　社会の進歩を目的とした制度が，国家によってさまざまな面にわたり整備されると，学校も人材の育成のための制度となった。学校教育のねらいは，子どもが知識や技能を習得するとともに，社会のなかで規律ある行動をできる習慣を身につけることであった。学校教育を効率的に施すためにとられた，一人の教師が数十人の子どもの集団を管理して一斉教授を行うシステムは，子どもが教師の監視や命令のもとで自らを律する力を養うのにも都合がよかった。

教育の効果を期待して国家は時間，空間，教育内容などを管理した。学校に通学すべき年齢が「学齢」として定められ，学年制がとられて階段を昇っていくように進級するシステムが整備された。学校の教育活動は教室で行われる。学校教育の内容と時間数が決められ，それを配当した時間割に従って日々の学校生活は進められる。
　さらに教師と子どもの関係についても，国家の意図する教育の担い手である「教員」が教育の対象としての「児童・生徒」を管理し，教授することになる。教育は生身の人間どうしの関わる営みであるが，学校教育の場合は「教員と児童・生徒」という制度化された関係の制約を受ける。
　学校制度は，近代社会の産物として19世紀に欧米で整備されたものであり，近代社会のシステムの見直しが迫られている今日，その一つである学校も改革が必要とされている。

2. 学校改革の試み

　学校制度が整備，拡大されるにつれ，問題点も指摘され，19世紀末から20世紀はじめにかけて改革が盛んに行われた。
　改革のポイントの一つは中等・高等教育の機会を民衆にも広げることであった。ヨーロッパでは，民衆のための学校は初等教育が中心であり，上流階級のための学校は高等教育が中心であって，両者はまったく別の学校体系（複線型学校体系）であった。民衆に中等教育・高等教育の機会を開こうと，統一的な学校制度の創出が試みられた。日本でも，中等教育・高等教育への道をより多くの人々に開こうと制度改革が模索されたが，実現するのは第二次世界大戦後であった。
　第二の点は，学校教育の内容と方法を，子どもの生活や現実の社会生活と結びつけようとする改革である。20世紀初頭，子ども中心主義の教育を求めた「新教育運動」が世界的に展開した。子どもの学習，活動，表現，作業などを軸とし，学校外の社会生活と結びつける教育を試みた，民間の特徴ある「新学校」が各国に登場した。
　とりわけ，アメリカのデューイ（Dewey, 1899）は実験学校を運営し，教育の中心を子どもに置いた学校の創造を試みた。そして，学校が現実の社会とつながりをもつよう力を注いだ。学校を「胎芽的な社会」すなわち「より大なる社会の生活を反映する諸々の典型的な仕事によって活動的であり，そして，芸術・歴史および科学の精神がすみからすみまで浸透している」場所ととらえた。
　デューイの学校では，子どもの興味を指導して科学的，歴史的，社会的な価値のあるものに発展させ，社会生活への認識と実践力の形成を図った。そのために，現実に

おいても歴史的にも社会生活とつながりのある工作や織物などの「仕事」が，子どもの活動として取り入れられた。ただし，現実の社会の経済的な条件から解放されたなかで，さまざまな探究活動が行われる点に価値が置かれており，将来の職業の準備ではない。また，子どもどうしの関係が，知識の獲得の競争から活動の目的の達成のための協力へと変わることが期待された。

フランスでは，フレネ（1964）が，子どもの生活を表現した印刷物「自由テキスト」発行を中心として，自己表現による個の自立とコミュニケーションの拡大による協同をめざす教育を試みた。日本でも，師範学校附属小学校や私立学校を拠点に子ども中心の教育実践の改造が試みられ，「大正新教育」と称される一つの潮流ができた。こうした改革の動きは，第二次世界大戦のなかで衰えるものの，今なおその系譜は続いている。

3．学校のもたらす光と影

(1) 光の部分

日本やアメリカをはじめとして現在の先進国の学校は問題点が際立つが，学校の歴史を振り返ると民衆に幸福をもたらす働きも果たしてきた。今なお，貧困や紛争に苦しんでいる地域の子どもたちは，学校に行きたくとも行けないのである。現在の日本でも，十分に教育を受けられなかった人々が夜間中学校で学び，生きがいを見いだしている。

もはや先進国ではその機能を失いつつあるとはいえ，学校がこれまで民衆にもたらした光の部分を示してみたい。

まず，子どもを労働から解放し，日常生活では得られない知識や技能を与えた。人々は，自分の生活を向上させ，社会の発展に寄与できる力をつける機会が得られたのである。とりわけ，民衆が文字の読み書き能力をつけるうえで学校の果たした役割は大きい。文字によって開かれる道は，社会で生きる力の獲得にとどまらず，他者や世界との関係を豊かにして生きる喜びを味わうことにつながる。

また，学校は文化の先端であり，地域の中心でもあった。最新の知識は学校を経由して民衆に取り入れられた。日本の場合，欧米や都市の新しい文化が学校を通じて全国に普及した。学校の建物，設備，教具，教科書の内容などは，非日常の文化的な雰囲気をもたらすものであった。学校の教師は文化を伝える知識人とみなされた。一方で，学芸会や運動会が地域あげての祝祭となるなど，学校は地域住民から親しまれる面もあった。

さらに学校の成績がよければ，高い学歴を獲得できて社会的に高い地位と高収入がもたらされるという実利的な満足につながる。日本の場合は，階級社会の名残があるヨーロッパに比べて，出自に関係なく実力次第で学校の階梯を上昇すれば立身出世の道が開けた。

(2)　影の部分

　しかし，学校は民衆に光とともに影ももたらした。
　まず，学校での学習の内容や方法が現実の社会生活や子どもの日常生活からあまりにかけ離れてしまうと，子どもは学校での学習の意味を認められず，学習への意欲を失う。今日の日本では，学校の外の文化的な環境が充実し，新しい情報の摂取は，各種メディアやインターネットによって世界的な広がりで可能となり，学校は必ずしも最新の文化を提供する場ではなくなってきている。一方で，欲望を刺激する商品やメディアがあふれる消費社会に子どもたちの生活は取り込まれている。学校は子どもにとって魅力の感じられない場になりつつある。
　さらに国家や企業の思惑が学校に及ぶと教育の中身が変質する。国家は，有能な官僚，労働力，軍事力など国家の発展に必要な人材を学校で育成し，選抜しようとする。そのため地域の文化が国の「中央」のものに画一化され，すぐれた人材は地域から「中央」へと集められてしまう。
　加えて国民国家として発展を図る際に，学校教育が民衆の「国民」化を推進する。民衆に「国語」を強制し，国家のイデオロギーを普及するなど「国民」精神の形成の場として学校が利用されることもある。日本の戦前期には，教育勅語をはじめとしてさまざまな手段で「忠君愛国」の国家主義の価値観を，子どもさらには親や地域の人々に植えつけることとなった。それが民衆を戦争に駆り立て，アジア地域への侵略をうながしたことは否定できないであろう。今なお，国旗・国歌の法制化など，「国家」「国民」の意識を民衆に育てようとする動きは見られる。
　国家に加えて企業も，学校に対して有用な人材の育成と選別を求める。日本の戦後の高度経済成長は，学校での教育の成果も大きいとされる。しかし，高校進学段階での選別の強化など経済界の要求が教育政策に影響力をもち，学校教育を歪めた面もある。企業の利害は「よい学校からよい企業へ」という親の利害と一致し，子どもは受験競争に駆り立てられる。そして，学校で学んだ実質ではなく卒業の資格のみが問題にされるようになれば，学校教育の内実は空洞化してしまうのである。
　戦後の日本では，上級学校への進学機会の平等化が進められた。しかし，そのことは反面学歴を獲得する競争にすべての子どもが巻き込まれることにもなってしまった。

しかも経済的,文化的に恵まれない階層は進学が困難で,教育によって階層差が「再生産」あるいは拡大されてしまっている。もっともこうした事態は日本に限ったことではない。学校というシステムへの批判として,社会の支配層の価値規範を学習内容,行動様式など心身両面にわたって強制する場所で,被支配層にとっては,社会の支配的価値への自発的な服従を強いられる抑圧装置であるとするものさえある。

　もう一つ大きな問題は,社会のなかでの学校の役割や価値の肥大化によって,民衆が学校や教育産業のサービスに依存して,自らの教育や学習の力を失うことである。イリッチ (Illich, 1971) は,人々に対して教育以外(医療や福祉)の点でも制度による世話に期待して,自分で行う力を衰弱させる働きをもつとして学校を批判し,「脱学校化」を提唱した。

　日本やアメリカでは,学校の役割が本来は家庭や地域でなすべき教育までを抱え込んで肥大化したために,家庭や地域の教育機能が失われてしまったとの指摘もある。今日の日本では,子どもが幼少期から教育産業の「早期教育」に追い立てられ,家庭でなすべきしつけや人間としての成長に不可欠な体験がなおざりになる深刻な問題が生じている。

4. これからの学校に求められること

　近年は問題点の指摘が多い学校ではあるが,子どもの成長を支える教師の実践が日々地道に積み重ねられているのも事実である。学校は子どもの社会への参加をうながす場として存在意義があり,次代を担う子どもに対する学校教育の提供は大人の責任である。それでは学校の教育の質をどのように改善すればよいかを考えてみたい。

　まず,学校外の教育機能を広く見渡したうえで,学校の担うべき役割を再検討することである。日本では教育イコール学校教育ととらえがちであるが,教育の場は学校に限らない。家庭,地域,職場など社会のあらゆる場に広がっている。学校外での教育の可能性に目を向け,学校,家庭,地域の連携の手だてを探るべきである。そして,学校は,学校でこそできる教育に責任を負えばよい。

　それでは学校の引き受けるべき教育とはどのようなものであろうか。まずは,組織的,計画的,継続的な教育である。子どもが学校外で得た体験や情報を時間をかけて組織し,学習へと発展させることが学校ではできる。あふれる情報の選択,活用の基礎力を養う場にも学校はなりうる。

　また,社会から独立した面をもつ強みを生かして,時代を超えて普遍的に価値のある文化を伝えることである。学問や芸術などの人類共通の文化遺産とともに,地域の

民衆の知恵の継承も求められる。アメリカの影響の強い戦後の日本が，近代の価値に従って切り捨ててしまった，家庭でのしつけ，地域での人々のつきあい，職人の徒弟制における学びなど民間の教育の価値にもう一度注目することは，学校教育の改善につながるであろう。民衆の世界で口承で伝えられた（たとえば民話に込められている）知恵や規範や，職人の世界における身体で覚えて身体に刻むカンやコツをともなう技を見直すことが，学校に求められているのではないだろうか。
　そして何よりも学校のもつ可能性は，子どもどうしが集団で学べる点にある。個人主義と利己主義が混同され，エゴイズムが剥き出しになる危険のある日本社会においては，異質な他者と出会って互いの違いを尊重しながら，個性を鍛え，共生の作法を身につけることが求められる。それは異文化交流による国際化の基礎ともなる。近年「個性化・個別化」が強調されているが，自分とは異質な他者との関わりのなかで個性が発見され，発揮できる。
　さらに，子どもの教育に責任を負う大人たちも学校に集い，協同活動を進めることによって，新たな地域社会を創造できる。学校が子ども，教師，親，地域の人々の学びあいの場となる動きは各地で進んでおり，今後「総合的な学習」の展開によっていっそう広がることが期待される。
　学校外の教育を視野に入れて学校の可能性を生かすにあたり，学習の仕方と教師の役割について大きな転換が求められている。
　まず，学ぶという行為を個人的な営みではなく協同の営みととらえることである。これまでは競争での勝利をめざした個人の知識や技能の蓄積であったのに対して，これからは他者との協同を目的とした知の生成と使用の過程となることが望まれる。そこでは失敗や試行錯誤も許され，むしろ新たな知の萌芽につながるものとして大事にされる。知のイメージも変わることになるであろう。真理と見なされた体系的な知識がこれまでは重視された。しかし，他者と関わるには，コミュニケーションの力，問題を共有して共に追究する力が求められる。
　教師の役割の転換も不可欠である。これまでの教師はたくさんの知識や技能を備え，それらを子どもに伝達するという役割が強かった。しかし，教師がすべての力を備えることは無理であり，単なる伝達ならば学校外のメディアのほうが効果的である。学習指導への教師の責任の負い方は，従来とは異なってくるはずである。子どもとともに探究し，学びの先達となることが求められる。また，学びを組織するコーディネーターとして，子どもと学習材との出会いを作り，関係を発展させる働きが重要になる。

7 現代日本の教育と学校制度

　現在の日本の学校は，いじめ，校内暴力，学級崩壊等さまざまな問題を抱えている。小・中学校の不登校者は近年増え続けて1998年には13万人近くになり，学校の存在意義が問われている。

　文部省は，「生きる力」を育てる学校への改革，家庭や地域と連携した「開かれた学校」への転換を進めようとしている。また，子どもや地域の実態に応じた「特色ある学校」づくりにむけて，教育行政のあり方を大幅に見直し，学校現場の自主性を保障しようとしている。

　教育行政機関，学校の教師，親，地域住民など子どもの教育に責任を負う人々に，学校のシステム全体と学校の教育の質いわばハードとソフトの両面についての大きな改革への取り組みが求められている。

　私たちは国家の制度や文化の影響を受けて生きている。緊急の課題である学校の改革に取り組む際にも，日本の教育制度や文化をふまえる必要がある。もちろん，主体的な意志をもつ人間の営みである教育が制度によってすべて決定されてしまうわけではなく，制度の枠を超えた独創的な実践も可能である。しかし，改革が持続して大きな流れとなるには，自国の制度や文化への対応が求められる。

　目下，日本の学校制度の見直しが進められ，教育行政の大きな転換が図られている。こうした動きの理由と今後の方向性を，日本の学校制度の歴史的経過をたどりながら示していきたい。

1. 日本の近代学校制度

　日本は明治維新後わずか数十年で急速な近代化を達成した。その原因の一つとして民衆の力があげられる。近世には，民衆の教育の場として寺子屋があり，子どもは日常生活に必要な読み，書き，そろばんを習得した。武士階級の教育の場としては藩校があり，儒学を中心とした高度な学問が行われていた。日本では近代学校制度の導入以前からすでに教育が普及していたのである。

日本の近代学校制度のスタートは，1872（明治5）年の「学制」による。欧米の制度をモデルとしたもので，全国を8つの大学区に分け，その下に中学区さらにその下に小学区をおき，大学校を8校，中学校を256校，小学校を5万3,760校設置しようとする計画であった。1998年の小学校数が2万4,295校であるからいかに壮大な計画であったかがわかる。

　階層，男女の別なくあらゆる人々に学校教育の機会を与える「国民皆学」の方針がとられた。小学校は下等小学4年，上等小学4年からなる8年制とされた。近世の教育方法は個別指導や小集団学習が主であったが，それに代わる欧米式の学級教授法を進められる教員を養成するために，東京に師範学校が設置された。

　欧米をモデルとした学校は，新政府にとっては近代化の要であったが，民衆にとっては財政面でも意識の面でも受け入れがたいものであった。地域の人々が文明開化への期待をこめて醵金（きょきん）によって洋風校舎を作った地域もあるものの，概して，システムと民衆の生活との乖離がはなはだしく，就学率も低かった。特に女子の場合は，親が学校に通わせる意味を認めず，家の仕事の手伝いや子守をさせていた。新政府の政策への不満と相まって学校が焼き打ちされたこともあった。

　1879（明治12）年には，実現の困難な「学制」が廃止され，公選の学務委員による学校の管理など教育の権限を地方に委ねた「教育令」が公布された。しかし，就学率の低下を招いたため，翌1880年には中央集権的で統制の強い教育令に改められた。教育内容や教員に対する国家の規制も強められた。

　そして1886（明治19）年，内閣制度の設置により初代文部大臣となった森有礼が，帝国大学令，師範学校令，小学校令，中学校令を公布し，日本の近代学校制度の基礎ができた。続いて1890（明治23）年，「教育勅語」が発布され，天皇の「臣民」として国家への忠誠を尽くす教育が強化された。修身の授業や学校の儀式が「国民」精神を養う機会として重視された。1900（明治33）年の第三次小学校令で尋常小学校が4年制となり，それまで徴収していた授業料の廃止によって義務教育制度が確立した。1902年には小学校の就学率が90パーセントを超えて民衆の間に学校教育が普及するとともに，1903年には教科書が国定化され，学校が国家のイデオロギーを伝える場となっていった。1907（明治40）年には尋常小学校が6年制となって義務年限が延長された。この頃には小学校就学率も100パーセント近くに高まった。

　しかし初等教育は普及したものの，中等教育さらに高等教育を民衆が受けるのは難しかった。戦前の日本の学校体系は，初等教育終了後いくつかのルートに分かれ，ルート間の移動がしにくい分岐型であった。小学校→中学校→高等学校→帝国大学というルートが学校階梯を登って立身出世につながる道であった。しかし，上級学校への進

学が経済的条件によって困難である場合も多く，社会階層によって進学ルートが左右されてしまった。

また，女子には高等学校や大学といった高等教育への道が閉ざされていた。中等教育についても，女子の進学する高等女学校は「良妻賢母」の育成を目的とし，男子の進学する中学校に比べてその教育は質・量ともに低かった。

全国的にみると，多くの子どもたちは小学校を卒業して就職した。一方で，都市部では，中等学校進学の受験競争が激しく，受験勉強の過熱を抑えるために入試制度の改革が行われたが，効果は見られなかった。

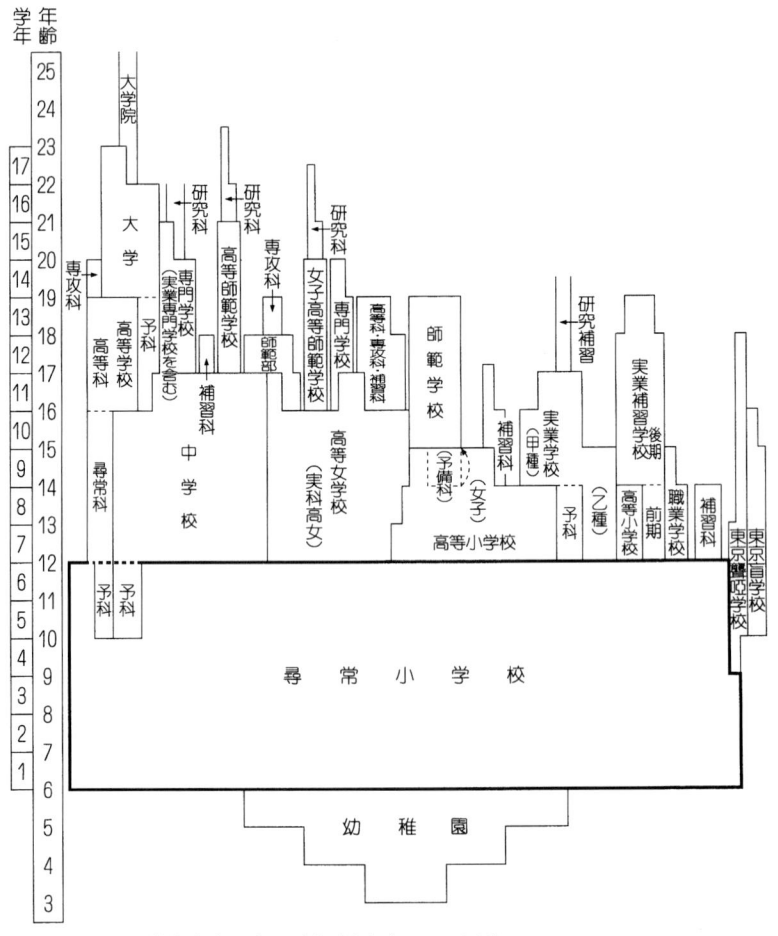

●図7.1　戦前の学校系統図（1921年）（文部省，1992より）

現代日本の教育と学校制度 ■

　1918（大正7）年には「高等学校令」「大学令」が出されて，中等教育と高等教育の拡大が行われた。その後，義務教育年限の延長や教育内容の見直しなど学校教育のシステムの検討が進められた。

　十五年戦争の戦時体制に入ると学校教育も再編され，1941（昭和16）年からは小学校が「国民学校」となって「皇国民の錬成」がめざされた。義務教育年限が8年に延長されることになったが，戦争の激化で実施されなかった。

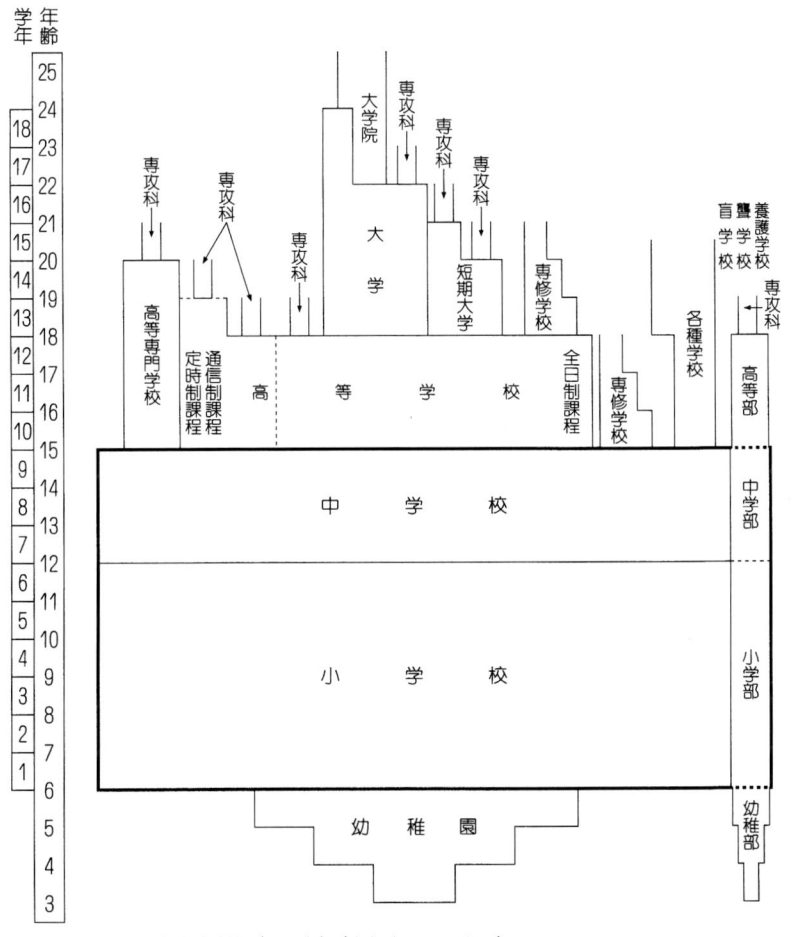

●図7.2　現在の学校系統図（1992年）（文部省，1992より）

2. 戦後の教育改革

　敗戦後，GHQ（連合国軍総司令部）は，CIE（民間情報教育局）を設けて，教育改革に着手した。日本の戦前の教育が軍国主義，超国家主義を招いたとして厳しく批判され，教職追放，神道教育の廃止，修身・日本歴史・地理の授業の停止が指令された。1946（昭和21）年3月にはアメリカ教育使節団が招かれ，日本を民主主義社会とするための教育方針が示された。この方針の実現にむけて日本側では教育刷新委員会が組織され，新たな日本の教育体制を作る建議が行われた。それにもとづいて1947（昭和22）年に「教育基本法」「学校教育法」が公布された。なお，こうした一連の民主的改革をアメリカの押しつけとする見方もある。しかし，日本においても戦前期に学制改革が構想されたり，教育の質の改善が試みられており，改革を受け入れる環境があった。

　「学校教育法」によって，小学校6年，中学校3年，高等学校3年，大学4年という6・3・3・4制の新しい学校体系がとられることになった。新制の小学校と中学校が1947年4月から，高等学校が1948年4月から，大学が1949年4月から発足した。「日本国憲法」第26条に示された「教育を受ける権利」とそれにもとづく「教育基本法」第3条の「すべて国民は，ひとしく，その能力に応ずる教育を受ける機会を与えられなければならない」を実現すべく教育の機会を万人に保障しようとする単線型の学校体系と，義務教育年限が中等教育を含む9年間に延長されたことは，画期的であった。

　また，戦前の教育は国家に対する義務という感じが強かったのに対し，戦後は「日本国憲法」において教育が個人の権利とされ，「教育基本法」第4条に「国民は，その保護する子女に，九年の普通教育を受けさせる義務を負う」とあるように，保護者が子どもを就学させる義務が示された。そして義務教育は無償制とされた。

　新たな教育の理念の実現にむけて，民主的な制度が作られた。教育行政に関しては，地方分権を図る教育委員会制度や民意の反映をめざした教育委員の公選制などがとられた。教育内容については，学習指導要領が「試案」とされて，教師による自主的な教育課程の編成が求められた。教員養成については，師範学校の閉鎖性と「師範型」と称される教員が作られた戦前のシステムへの批判から，戦後は学芸学部における人間としての幅広い教養のある教員の養成と教員養成学部以外の学部出身者にも教員免許の取得を可能にして教員への道を開く「開放制」がとられた。こうした民主的な空気のもと，新しく設置された教科「社会科」を中心に，子ども中心の教育や地域社会

の実態に応じた教育が各地で展開された。

　ところが，朝鮮戦争を契機とした東西冷戦の政治的緊張の高まりとともに，アメリカの日本に対する民主化政策が変化し，再軍備など「逆コース」をたどることになる。教育政策も統制的になり，1956年に「地方教育行政の組織及び運営に関する法律」が施行され，教育委員会は任命制になった。1958年の学習指導要領は法的基準性を文部省が主張し，以後，教育内容への国家の関与をめぐって，教科書裁判などで争われることになった。子どもの立場からの教育の質をめぐる具体的な検討よりも政治的なイデオロギーの論争が，文部省と日本教職員組合との間で繰り返されることになってしまった。

　1990年代に入り，ソビエトや東欧社会主義国の崩壊後はイデオロギー対立は弱まったが，日の丸・君が代の扱いなど国家と戦争への認識については依然として対立が残っている。その一方で，学校現場で生じるさまざまな問題への対応が緊急に求められている。

3. 日本の学校制度の現状と問題点

　現在，戦後の学校教育制度の行き詰まりが指摘され，教育行政のシステムと学校制度のあり方について検討が進められ，改革も提唱されている。6・3・3・4制については子どもの発達特性に応じた学校区分のあり方が検討され，公立の中学校・高等学校の6年制一貫校が設置されるなど新たな動きが見られる。大きな流れとしてはシステムの自由化，弾力化が図られており，今後の変化も予想されるが，まず，現状を示しておこう。

　戦後日本の学校制度は「日本国憲法」「教育基本法」「学校教育法」に拠っている。教育行政の機関として，国に文部省，地方自治体に都道府県教育委員会，市町村教育委員会が設置されている。教育委員会は，学校教育と生涯教育（社会教育）の円滑な運営を図るための事務と教育の質の向上のための専門的指導・助言にあたっている。本来は，教育行政機関が個々に独自性を発揮すべきところであるが，実際には文部省→都道府県教育委員会→市町村教育委員会→各学校という上意下達の構造になりがちであり，それが教育を画一的なものにして大きな問題となっている。また教育行政機関は，学校現場における実践の創造にむけた指導・助言を行う役割が期待されているが，それだけの専門性を発揮できず管理・統制を進める傾向にあることが問題視されている。

　教育政策の決定は，文部大臣の諮問機関である各種の審議会の答申にもとづいてい

る。学校教育に関係するものとして，教育全体の方向性を示す中央教育審議会，学習指導要領の内容を方向づける教育課程審議会などがある。しかし，教育行政に教育現場の教師，子ども，親の声が反映しにくく，現実と遊離した施策が出されるとの批判もある。

　学校の組織・運営は，法律・規則の規制を受ける。学校の設置にあたっては設置基準がある。少人数化が求められている学級編制についても法律がある。教員は，日本国憲法，教育基本法の精神にもとづき，学校教育法の規定を配慮しながら日々の教育活動を進めることになっている。教育内容については，学習指導要領を基準とする。

　制度としての学校である以上，法律・規則の規制を受けるのは当然ではあるが，硬直した運用が教育実践の質の低下を招く危険もある。そこで現在，子どもと地域の実態に応じた「特色ある学校づくり」を行うように教育行政の転換が図られている。学校教育の中心である授業の内容についても，新設される「総合的な学習の時間」をはじめ，各学校さらには一人ひとりの教師の創意工夫が求められている。先に示した法律・規則についても国家の統制がゆるめられ，学校や教師の日常の教育実践の創造の自由が保障されようとしている。

4. 学校の改革にむけた動き

　学校で生じるさまざまな問題の深刻化，学校を拒否する子どもたちの増大など，現在の日本の学校システムはほころびを見せ，新たな学校システムづくりが緊急の課題となっている。文部省も「中央教育審議会第一次答申」（1996年7月）などで学校のあり方について新たな方向を打ち出している。その要点を示したい。

　これまでは学校があらゆる教育を引き受けるかのようになっていたが，今後の学校は，家庭や地域に教育の機能を返してスリム化を図るべきとされている。むしろ学校が家庭や地域といかに連携を図るが課題となる。それには，しばしば問題にされる学校の閉鎖的な性質を改め，「開かれた学校」への転換が求められている。

　加えて，これまでは横並びの学校運営が多かったが，学校長のリーダーシップのもと地域や子どもの実態をふまえた「特色ある学校」づくりが求められている。

　こうした学校の改革には，中央教育審議会答申「今後の地方教育行政の在り方について」（1998年9月）において強調されているように，文部省，教育委員会の教育行政の改革も不可欠である。答申では，文部省が教育行政の権限を大幅に地方に委ねて，都道府県や市町村の教育委員会が地域の実態に即した運営を進めるべきであるとしている。また，教育委員会は，各学校に対して瑣末な点での関与をせず，自主的，自律

的な学校運営を支えるべきであるという。

　これからの学校づくりのポイントは，親や地域住民の声を反映し，協力を得ることである。答申でも，親や地域住民の教育行政や学校運営への「参画」が提唱されている。これまでは国や地方自治体の意向を重視しがちであった学校の意識を，足元の地域に向けることが求められている。今後は公立学校も，子どもや地域の実態をふまえて，自分の学校の教育の特色を示し，その実現への責任を果たすことになる。

　公立小・中学校でも通学区域の自由化による学校選択の動きが広がりつつある。特に，公立学校への不信が低年齢からの私立学校受験の競争を招いてしまっている都市部では，親や地域住民の信頼を得られる魅力ある学校づくりが緊急の課題である。

　同時に，親や住民の側には，学校教育を与えられるサービスとしてとらえるのではなく，学校改革への参加が求められる。すでに，学校を地域社会のコミュニティづくりの中核にしようとの動きも見られる。親や地域の人々も学校の教育活動に参加して，子どもの学び，育ちを支える試みが各地で展開し始めている。

　今後の教育の自由化の流れは基本的には歓迎すべきものではあるが，教育への責任の所在が曖昧になったり，教育が市場原理に委ねられて商品の選択・消費のようになる危険もはらんでいることを忘れてはならない。教育は次代を担う子どもへの大人の責任であり，教育に関わることは大人自身を成長させることでもある。

　学校制度の見直しが進み，学校をめぐる教育行政が大きく転換した今日，学校の教師たちは一つの専門家集団として創造的な力を結集し，地域に合った子どもの学びの場をつくるチャンスを得たのである。つまり，自分たちで地域のなかから，子どもにとって価値ある学習材を発掘し，教師以外の住民の力をかりながら，学習を組織することができる。従来は子どもの学習や教師の指導を規制するとされてきた学習指導要領が大綱化，弾力化され，教師たちが自主的にカリキュラムを編成できるのである。さまざまな子どもや大人が集い，文化を伝承し，共有し，発展させる場として学校の可能性を開く制度が，用意されつつある。

8 学校組織

1. 学校という組織

　一般に学校とは，「小学校，中学校，高等学校，大学，高等専門学校，盲学校，聾学校，養護学校及び幼稚園」（学校教育法第1条）を指す。そして，これらはその設置者によって，国立，公立，私立に類別される。このなかで大半を占める公立校とは，地方公共団体が設置するもので，県立学校，市町村立学校などがある。ちなみに，公立校に勤務する教員の給与は国と都道府県がほぼ半分ずつ負担している。国の負担分については，児童数に応じて定められているが，近年，カウンセラーや図書館司書，事務職などを中心として地方公共団体が自らの財政的負担として独自に配置するケースも目立っている。

　ところで，教育基本法第6条の定めによると，「法律に定める学校は，公の性質をもつものであって，国または地方公共団体の外，法律で定める法人のみが，これを設置することができる」となっている。したがって，学校とは，原則としてその設置形態の如何を問わず公的な性格をもつものであり，そこから各種の法律の定めるところに従い，組織的・計画的な教育を行うことが求められている。

　本章では，こうした前提のもとに，学校が組織的・計画的に教育活動を展開するための諸条件について整理する。

　まず，教職員の配置については，学校教育法第28条によって規定されている。それによると，学校の教職員は校長，教頭，教諭・養護教諭，事務職員等に類別される。それぞれの職務は，次のとおりである。
①**校長**　公務をつかさどり，所属職員を監督する（第3項）。
②**教頭**　校長を助け，公務を整理し，および必要に応じて児童・生徒の教育をつかさどる（第4項）。校長に事故あるときはその職務を代理し，校長が欠けたときはその職務を行う（第5項）。
③**教諭**　児童・生徒の教育をつかさどる（第6項）。
④**養護教諭**　児童・生徒の養護をつかさどる（第7項）。

■学　校　組　織■

⑤**事務職員等**　事務職員は，事務に従事する（第8項）。学校用務員は，学校の環境の整備その他の用務に従事する（学校教育法施行規則第49条）。

むろん，教頭以下の人数は児童・生徒数によって異なる。とりわけ，教諭の数については各学級の児童・生徒数を上限で40人と定め，1学級につき小学校では1人（学校教育法施行規則第22条），中学校では2人（同規則第52条）と決められている。

> **教員加配**……義務教育における1学級の定員は，「公立義務教育諸学校の学級編成及び教職員定数の標準に関する法律」で定められている。その数次にわたる改訂によって，学級定数は50人から40人へと減少した。しかし，1993年度から始まった第6次改善計画では，一斉指導を中心とした伝統的な指導方法を見直し，個に応じた多様な教育を展開するために，学級編成の標準を変更せずに，協力教授（ティーム・ティーチング）などのための教員を配置することにした。

しかし，近年，教職員の定数改善の施策の一環として，教育方法改善のための教員加配が進行している。これは，いわゆるティーム・ティーチングと呼ばれるもので，複数の教師が協力して，個に応じた新しい指導法の開発を試みるものである。また，生徒指導上の問題が多発している現状から，1学級の定員を少なくすることへの要望も一層強まっている。

仮にそうした施策がさらに進展したとしても，各学校にほぼ共通するこれらの条件をどう最大限に生かすかが，学校としての大きな課題の一つである。

2．学校としての教育計画

さて，学校に与えられた条件を最大限に生かすという命題からすぐに連想されるのは，いわゆる校務分掌のことである。しかし，それはあくまで方法論上のことであり，その前に目的論的な検討が必要である。

学校は，教育基本法が定める学校教育の目標と各学校における教育目標の両面から，その具現化のために教育を行うことが大原則である。そのために，当然のことながら1年間あるいは必要に応じてさらに長期的な展望に立ち，計画的に教育活動を展開する必要がある。それを整理したものを，一般的には教育計画と呼ぶ。この教育計画は，よりなじみのある言葉としての教育課程とほぼ同義と考えて差し支えない。

それでは，各学校において教育課程をどのように編制するか。与えられた条件を最大限に生かすための検討は，まずこの点から始められるべきである。

1998年の新学習指導要領の告示と同時に改正された学校教育法施行規則の第24条には，次のように示されている。「小学校の教育課程は，国語，社会，算数，理科，生活，音楽，図画工作，家庭及び体育の各教科（以下本節中「各教科」という），道徳，

| 教科 | 道徳 | 特別活動 | 総合的な学習の時間 |

●図8.1　小学校の教育課程

| 必修教科 | 道徳 | 特別活動 | 選択教科 | 総合的な学習の時間 |

●図8.2　中学校の教育課程

特別活動並びに総合的な学習の時間によって編制するものとする」。

　また，中学校については，同法第53条に次のように示されている。「中学校の教育課程は，必修教科，選択教科，道徳，特別活動及び総合的な学習の時間によって編制するものとする」。

　また，同法第25条には，「小学校の教育課程については，この節に定めるもののほか，教育課程の基準として文部大臣が別に公示する小学校学習指導要領によるものとする」とされている。中学校については，同法第54条の2に同様な規定がある。

　さらに，小学校および中学校の学習指導要領の総則第1-1には，「各学校においては，法令及びこの章以下に示すところに従い，（中略）適切な教育課程を編制するものとする」と示されている。

　この規定を手がかりにすると，教育課程はまずそれぞれ学習指導要領を基準として各学校で編制するものであることがわかる。また，小・中学校の教育課程の構造は，それぞれ図8.1および図8.2のように表すことができる。

　さて，一般に，教育課程の編制は，それぞれの指導の領域において必要とされる目標・内容・時間数を定めることであるといわれている。すなわち，作業的には，①どのような目標の達成をめざして，②どのような内容を指導するか，③そのための時間配分をどうするか，の順で検討することになる。

　しかし，実際には，各教科や道徳・特別活動における目標や指導すべき内容は学習指導要領に示されている。また，小学校におけるそれぞれの標準授業時数は，学校教育法施行規則第24条の2（中学校は同法第54条）に具体的に示されている。そのため，教育課程は各学校で編制する建前になっているとはいうものの，実際には学習指導に関わる検討の余地はあまり多くない。また，学習指導要領が示す目標や内容を過不足なく網羅した教科書が用意されているため，それを順に消化していけば教育課程をなぞる結果となっていた。

　したがって，教師が日常の指導のなかで教育課程を意識することはあまりない。そして，学校ごとの教育計画といっても，その大半は各学校とも共通的な内容で占められ，それぞれの特色はあまり見られないのが実情であった。

こうした状況に若干の異変を生じさせたのは，1998年12月に告示された学習指導要領に新たに登場した総合的な学習の時間である。厳密にいえば，以前から教育課程上に位置づけられていた中学校の選択教科も，同様な意味をもっていた。すなわち，総合的な学習の時間や選択教科は，学習指導要領上は「第1章　総則」にしか位置づけられていない。このゾーンは，目標や内容を明示しないことを原則としている。ちなみに，各教科・道徳・特別活動のゾーンは，例外なく目標と内容が示されている。それらは，国の基準としての意味をもち，全国どこの公立校においても指導すべき事項としての性格をもっていた。私立学校や国立学校でも，一部例外が認められているものの，ほぼそれに準ずるものとされている。

これに対して，総合的な学習の時間の目標や内容は，原則として各学校の裁量に委ねられた。このことによって，はじめて教育課程を各学校において編制することの実質的な意味が生じたことになる。

念のために付け加えれば，1998年に告示された学習指導要領にもとづく教育課程は，2002（平成14）年度（高等学校では2003［平成15］年度）から実施されることになる。

3. 学校における校務分掌

学校は，以上に述べた目的に沿って運営を行う必要がある。校務分掌は，そのための職務内容や役割分担，責任者や担当者などを定める仕組みのことである。

この校務分掌は，「調和のとれた学校運営が行われるためにふさわしい校務分掌の仕組みを整えるものとする」（学校教育法施行規則）とされていて，原則として各学校の規模や職員構成などの条件に応じて独自に設定してよい。また，同一校においても教育方針や諸条件の変化に応じて変更される場合もあり，より効果的な職務分担をめざして常に見直しが必要とされる性格のものである。ただし，校務分掌のなかの主任については例外的に法令の定めがある。すなわち，小学校には教務主任，学年主任，保健主事（中学校には，さらに生徒指導主事と進路指導主事を加える）を置くことが学校教育法施行規則によって定められている。

それぞれの職務は，次のとおりである。

①**教務主任**　教務主任は，教諭をもって充てる。教務主任は，校長の監督を受け，教育計画の立案その他の教務に関する事項について，連絡調整および指導・助言に当たる。

②**学年主任**　学年主任は，教諭をもって充てる。学年主任は，校長の監督を受け，当該学年の教育活動に関する事項について連絡調整および指導・助言に当たる。

③**保健主事**　保健主事は，教諭をもって充てる。保健主事は，校長の監督を受け，小学校における保健に関する事項の管理に当たる。

むろん，校務は多岐にわたるため，これ以外の主任を学校独自で置く場合が多い。また，主任には当たらないが，学級担任もきわめて重要な校務分掌の一つである。

そうした規定を前提としながら，あらためて校務分掌の一般的な形態を整理すると，教務系と庶務系の職務に二分される。

④**教務系の職務**　教育課程の編制，日課表の作成，学籍の管理から日常の学習指導や生徒指導に至るまで，主として教育活動に直接的に関わる内容のほぼすべてを含む。その総括責任者は，校長の監督を受けて教務主任が担当する。

⑤**庶務系の職務**　備品や施設の管理，文書や会計の管理，ＰＴＡや外部団体との折衝など教育の基盤整備に関する内容を中心とし，教頭が責任者となる場合が多い。

いずれにしても，そのすべてを学校に配置された職員全体で分担することになる。

さて，職務内容をこのように分類すると，それぞれに求められる要件には自ずと違いが見えてくる。

まず，庶務系の職務は，事務処理を中心とした内容であるから，何よりも正確性や迅速性が要求される。そのために，職務内容は細分化され，その遂行に必要な手順や手続きは明確になっていること，つまりマニュアル化されることが望ましい。

それに対して，教務系の職務は，たとえば教育課程の編制というように，教育の質を決定づける内容を含んでいる。また，日常の教育活動においては予想されないさまざまな事態が生じることが多く，それらへの適切な対応も求められる。したがって，庶務系の職務の要件である正確性や迅速性に加えて，的確な判断や創造的な思考も必要とされる。

むろん，職員にはそれぞれに向き不向きがある。だれもが期待される役割を的確に遂行できることが望ましいとはいえ，やはりそれぞれの適性に応じて分担することが望ましいといえよう。

なお，児童数の減少にともなって，最近の学校は小規模化の傾向が目立っている。しかし，必要とされる分掌の数は学校規模に関係なく一定している。したがって，学校規模が小さければ小さいほど，職員一人あたりの負担は大きくなる関係にある。その一方で，学校規模に関係なく，全体としての職務の量はかなり増えている傾向にある。

そこで，分割と統合の二つの視点からあらためて校務分掌を見つめ直す時期にきているように思える。すなわち，細分化しマニュアル化することによってより効率的に遂行できる職務と，長期的な展望にたって総合的に検討すべき職務とを弁別すること

である。そして，原則として前者は一人の職員が単独で責任をもって，後者は複数の職員によるチームで遂行することが望ましい。むろん，それぞれの職員は，そのいずれか一方ではなく，可能な限りどちらにも適性を発揮することが求められるのである。

4. 職員会議の機能

　職員会議の性格をめぐっては，以前から諮問機関説と議決機関説の対立があった。すなわち，学校の責任者としての校長の諮問機関とする見方と，職員の総意によって議決する機関とする見方の対立である。

　そして，1956年の「地方教育行政の組織及び運営に関する法律」の制定を契機にして，現在は「〇〇市（町村）立小学校及び中学校管理規則（準則）」によって，以下の通りにその性格が定められている。

- 学校に，校長の職務を助け，学校の円滑適正な運営を図るため，職員会議を置く。
- 職員会議は，校長が招集し，校務に関する校長の諮問事項その他の必要事項について審議し，並びに職員相互の連絡および調整を行なう。
- 前項に規定するもののほか，職員会議の組織運営について必要な事項は，校長が定める。

　したがって，冒頭の二分法によれば，現行では校長の諮問機関としての性格にあり，最終決定の権限は校長にある。

　こうした規定を前提としながらも，あくまで学校がその教育目標を達成するために必要な運営上の問題を，所属する職員全員の参加によって協議する会議であることを忘れてはならない。

　当然のことながら，校長には責任者としての強い自覚とリーダーシップが求められる。会議を通して職員の意思を尊重し，学校運営の質的な向上や円滑化を自らの責任において図る必要がある。そして，それに参加する職員は，積極的な意見交換を通して相互の意思の疎通を図ることが大切である。そのいずれか一方でも適切さを欠くと，学校運営は停滞し混乱する。その影響を最も強く受けるのは，ほかならぬ児童・生徒自身であることを忘れてはならない。

9 学級制度

1. 学級とは

　学級とは何か。あらためてこう問われると戸惑うほど，わが国の学校においては学級はごく自然にある組織や単位の一つとしてとして認知されている。

　あらためてその定義をすれば，「教師が児童生徒に教科学習を効率的に行わせるために設けられた，比較的に継続性と恒常性を有する教授＝学習上の単位集団」（日本教育社会学会編，1986）である。念のために，法令上の規定では，次のようになっている。「公立の義務教育諸学校の学級は，同学年の児童又は生徒で編制するものとする。ただし，当該義務教育諸学校の児童又は生徒の数が著しく少ないかその他特別の事情がある場合は，政令で定めるところにより，数学年の児童又は生徒を1学級に編制することができる」（公立義務教育諸学校の学級編制及び教職員定数の標準に関する法律）。

　すなわち，就学する児童・生徒が増大し，規模が大きくなるにつれて，学校には一斉授業などの方法により，より効率的に教育を行う必要が生じた。同学年の児童・生徒で編制する学級は，その必要から考え出された産物といっていい。

　実際に，わが国で学校制度が発足した当時（1872年）は今のような学級の形態はとられておらず，学習の進度や学力による等級で区別されていた。現在のような学級が組織されるようになったのは，就学者数が増加する1880年代半ば以降のことである。

　いずれにしても，学級は教育の効率をあげる必要から生まれた組織である。また，児童・生徒の側から見れば，機械的に振り分けられ所属を決定された集団である。しかし，原則として最低1年間は継続するものであるから，単に所属するだけの集団としてではなく，相互の考え方や生き方に強く影響を与えあう準拠集団へ高めていくという教育上の必要性が生じている。端的にいえば，機械的に編制された学級を意味のある集団として成長させることが求められているのである。

　近年，オープン・スクールやティーム・ティーチングなどの発想が登場し，学級の概念に若干の変化が見られる。しかし，学校における基本的な単位集団としての学級

の意味を的確に理解しておくことは，学校教育のあり方を検討するうえできわめて重要である。

2. 学級定員

　学校教育法施行規則および「公立義務教育諸学校の学級編制及び教職員定数の標準に関する法律」によって，現在の小・中学校の1学級の定員は40人と定められている。したがって，同じ学年の児童・生徒が41人いれば2学級，40人であれば1学級となる。わずか一人の差が実際には大きな差になっている。最近では，少子化の影響を受けて，学校の小規模化の傾向が顕著であり，小学校の1学級の平均児童数は30名前後と推測される。しかし，教育条件を大きく左右する学級定員をさらに少なくすることへの要望は，学校の内外を問わずきわめて強くなってきている。

　ちなみに，この学級定員は1872年に学制が発足した当時は，80人であったといわれている。そして，それを収容する教室の規格は，4間（約7.3m）×5間（約9.1m）の20坪（畳40枚分）であった。すなわち，児童1人当たりに用意されたスペースは，畳半分という計算である。その後，100年余りの年月をかけて，児童・生徒数は半分になり，1人当たりのスペースは畳1枚分へと拡大した。しかし，4間×5間＝20坪という教室の規格は，現在にも引き継がれている。最近になって，教育の質の検討に合わせて校舎や教室の構造もようやく見直されるようになり，明治以来の規格とは異なるさまざまなサイズの教室が登場するようになった（オープン・スクールなど）。学習の多様化を支える校舎や教室の構造は，教育条件の向上という視点から，学級定員とともに検討すべき重要な課題の一つである。

　さて，学級定員に関する規定は，児童・生徒数のみならず，教員の定数をも規定する。すなわち，学校教育法施行規則によると，担任する教員の定数は原則として1学級につき小学校では1人（同法第22条），中学校では2人（同法第52条）である。なお，校長や教頭，その他の教職員も含めた全体の定数は，再三引用している「公立義

> **準拠集団**……各個人が考え方や感じ方，態度や行動様式などにおいて，もっとも強く影響を受け依拠する集団のことをいう。したがって，所属する集団（所属集団）とは必ずしも一致しないことがある。たとえば，クラブ活動や部活動あるいは地域の仲間などとの人間関係が良好で，本人も気に入っていて，そこで受ける影響が強ければ，それがその人にとって準拠集団となる。その場合は，学級における仲間集団のなかではストレスや葛藤を感じる場合が多い。
>
> **オープン・スクール**……教室と教室を区切る壁のない，広い空間をもった学校を指してオープン・スクールと呼ぶ場合もあるが，本来的な意味での「オープン」とは，「自由で融通性のある」ことをいう。したがって，物理的な空間のみならず，教育の内容や方法，あるいは学年や学級などの学習集団までを含めた，柔軟で融通性のあるシステムを備えていることが必要である。わが国では，法令的な制約もあり，現状ではこれらの条件をすべて満たすことは難しい。

務教育諸学校の学級編制及び教職員定数の標準に関する法律」によって定められている。それによると，学級数を基準にし，それに定められた係数をかけて算出するしくみになっている。当然のことながら，小規模校ほど係数は大きいが，現実には区分が変わる境目の1学級が減少したために，音楽や図工などの専科教員を配置できなくなるなどの現象が生じている。

なお，学校教育法第75条の定めにより，精神薄弱者，肢体不自由者，身体虚弱者，弱視者，難聴者，その他心身に故障がある者のために，特殊学級を置くことができる。その場合の1学級の定員は10人である。

また，連続する2学年の児童が合計で16名以下の場合は，原則として複式学級になる。現在，学校の小規模化が進行し，山間部や農村部のみならず都市部においてもこの規定の適用を受ける学校が生まれつつある。

いずれにしても，学級定員は，教員定数も含めた教育基盤の整備に関わる重要な意味をもっている。

すでに述べたように，80人から始まった学級定員は，現在40人にまで減少している。この段階で，教員の定数改善の施策は教育方法改善の問題と結びついて，教員加配の方向へ進展している（p.49の用語解説参照）。具体的には，いわゆるティーム・ティーチングと呼ばれ，法令の定めによる定数に加えて教員を配置し，複数の教員による協力教授を試みようというものなどがある。教員加配のあった学校では，1人の教員では目の届かないところにまで配慮をめぐらし，個に応じた新しい指導法の開発がさまざまに試みられている。

しかし，後に詳しく述べるが，長い間1人で教えることに慣れてきた教員どうしが，協力して教えるという新たな課題を前にして，若干の戸惑いがあることもまた事実である。

3. 学級担任の役割

小学校では，学級担任制を原則とし，1人の担任が教科指導を含めたすべての指導を担当することになっている。これに対して，中学校では教科担任制が原則であり，学級担任の役割は小学校のそれとは異なる。しかし，そうした条件的な違いを超えて両者に共通する課題の一つは学級経営である。

この学級経営に関しては特に定まった規定はないが，物的な条件整備と人的な環境整備に大別される。そして，とりわけこの後者が学級担任としての重要な役割の一つである。

すでに述べたように，学級はもともと教育効率を上げるために機械的に割り振られた所属集団である。それを，メンバー間の相互作用が活発に行われ影響を及ぼし合う準拠集団に高めるのが，学級経営における中心的な課題である。そのために，学級担任は，学級の児童・生徒の人間関係に積極的に働きかけ，それを深めるとともに，学級内に連帯感や規律を成立させる必要がある。

　しかし，近年，児童・生徒の多様化にともない，いわゆる「学級崩壊」と呼ばれる現象が各地で多発している。これは，個別の事情によるものではあろうが，総じていえば学級内に連帯感や規律が成立しないことによる現象と考えることができる。

　むろん，この現象は児童・生徒の変化によるものとばかりはいえない。教師のなかにも，伝統的な役割に固執し，学校という狭い空間に住み慣れて硬直化しているという一面がある。それが，「学級崩壊」をきたしたいくつものケースに共通していることではないか。

　そうした事態に直面して学級担任が考えるべきことは，社会や児童・生徒の変化を的確に見定め，それに柔軟に対応する資質と力量を身につけることである。これからの学級担任に特に必要とされる資質・力量についてあらためて考えるために，学級担任に求められる配慮事項を拙著から引用する（上杉・中原，1996）。

①**子どもの個性や欲求に注目し，的確な配慮をする**　当然のことながら，子どもたちの個性や欲求はそれぞれに異なる。したがって，それらをどう組み合わせて準拠集団へと高めていくかが，担任に課せられた第一の課題である。むろん，子どもの個性や欲求に注目するのは年度当初だけではない。それらは時間の経過とともに変化することも考えられる。また，子どもたち相互の組み合わせによって，予期せぬ事態に発展することもある。それらを的確にとらえ，どのように対応するか。担任としては，最もナイーブでなければならない部分である。

②**学習指導の質的な吟味をする**　たとえば，作業や体験，フィールドワークなどを取り入れた参加体験型の授業を工夫する。特定の子どもだけが活躍する在来型の授業ではなく，一人ひとりの役割を明確にした学習システムを開発する。相互評価と自己評価の効果的な組み合わせを検討し，自信や確かな自己像の形成に役立つような学習を工夫する。それぞれの課題意識に応じた多様なアプローチを認め，問題解決能力の育成に資する。そして，こうした学習を通して培われたよさを的確に見きわめ，その後の発展や成長のプロセスを見守る。学習指導を経営的な視点から工夫する余地はまだまだ多い。

③**学級集団のグループダイナミクスに注目し，人間関係の変化に注目する**　子どもたちは多くの仲間との関わりのなかで成長する。学級内に日常的に生じる仲間関係をめ

ぐるトラブルは，むしろそのための格好の舞台である。それらの一つひとつを克服することによって，彼らの成長は促進される。したがって，より大きな関係のなかで，一人ひとりの子どもに安心感や安定感を獲得させるとともに，成長の契機をも提供する。それが，学級経営における最も重要な課題の一つである。

④**保護者との協力態勢を作る**　教師や学校は，批判の対象になることはあっても，尊敬や信頼を無条件で寄せられる存在ではなくなっている。しかし，教師はそうした事態に対する危機感が希薄である。子どものより望ましい成長のためには，保護者との連携が必要であることはだれもが承知している。しかし，それができるかどうかは，ひとえに学級担任の人間性に負うところが多い。

⑤**教師としての自身を振り返り，「観察自我」を確立する**　いうまでもなく，教師の一挙手一投足は，子どものみならず親からも注目されている。そこから，教師に対する期待や失望，信頼や不信などさまざまな評価が生まれている。それが，外的な条件，すなわち役職や主任などという肩書きを超えて，実際的な意味をもって機能していることも事実である。できることなら，教師としての自分を見つめるもう一人の自分，いわゆる「観察自我」を確立したい。せめて，教師としての自分が抱えている欠点もしくは克服すべき課題だけは自覚しておきたい。そこに成長のための動機が生まれる。学級経営論は，つまるところ教師論の問題である。

4. ティーム・ティーチングを考える

　複数の教員によるティーム・ティーチングは，個に応じた新しい指導法の一つとして注目されているものの一つである。

　しかし，考えてみれば，学校はもともと教師集団の共同作業として教育を行うための組織機関である。学級はその効率を上げるために便宜的に編制され，学級担任は校務分掌の一つとしてある学級を担任しているにすぎない。年度が変われば，また別の教師が学級担任になる。その意味では，指導法の一つとしてのティーム・ティーチングに注目する以前の問題として，学校における教師集団の広義における協力教授は必要不可欠な条件の一つであると考えることができる。にもかかわらず，現実の問題として，たとえば学級王国という言葉に代表されるように，学級担任の個人プレーに終始しがちな傾向があった。その背景にある事情も勘案しながら，明石（1987）は，日本の教師の問題を次の3点に集約している。

①**オープンマインドでない**　人からの批判を嫌う，自分の学級を他の教師にのぞかれたくないと思う，保護者との接触が苦手など。

②行動半径が狭く，入手される情報が限られている　本を読まない，異業種の友人が少ない，生まれてからずっと学校という社会しか知らないなど。
③組織的な行動が苦手　6年間または3年間で子どもを育てるという意識が薄い，担任をはずれるとその子に関心をもたない，他の教師に必要以上に遠慮するなど。

　端的にいえば，これまでの教師は，あたかも小人の国のガリバーにも似て，子どもたちの前で絶対的な権限をもつ存在として君臨してきた。そうした環境が，他の教師と手を携えること，ましてや援助を受けることを潔しとしない風土を形成してきたことは事実である。

　しかし，現実の子どもたちは，一人の担任がそのすべてを掌握するにはあまりに多様化してきている。そして，近年，カウンセラーや医師など外部の援助を必要とするケースもすこぶる多くなった。いわゆる「学級崩壊」という現象も，マクロに見れば多様化の歪みが吹き出した結果と見なすこともできる。

　そこで必要となるのは，学級を開き，あらためて教師集団の共同作業として教育にあたるという素朴な原理の認識である。

　近年，小学校の高学年においても教員どうしの交換授業，いわば教科担任制の部分的試行が試みられるようになっている。これは，一人の子どもを複数の教員の目で見守ることに教育的な意義があると考えられる。また，多くの学校で生徒指導や教育相談的な対応の必要から組織的に対応する態勢が整いつつある。1人の学級担任と数十人の子どもたちという，わが国の学級に伝統的に続いてきた閉ざされた関係を改善する試みとして，その行く末が注目される。それが実際的な効果を生むためには，伝統的な学級担任像から解放され，一人ひとりが教師としての自己を相対視することが必要である。文中で用いた用語を再び使えば，「観察自我」を獲得することである。

　現代の学級もそれを経営する学級担任も，大きな曲がり角にさしかかっている。新たな指導法としてのティーム・ティーチングは，技術論の問題ではなく，そのための解答を求める試みとしてとらえるべきである。

10 地域社会との共生

1.「閉じた学校」の問題性

(1) ノー・スクールデイの試み

　1997年神戸で起こった連続児童殺傷事件は，犯人が意外にも中学生であり，「子ども問題」の深刻さを多くの人々に印象づけることになった。スクール・キラーと書かれた「挑戦状」の文面から，不気味な「学校否定」の気分を感じ取った方も多いだろう。しかも，犯人の両親が犯行の一切を感知していなかったと告白し（「少年A」の父母，1999）また，住民の過半数が地域社会に事件後大きな変化が生じたと感じている（共同通信社，1998）。つまり事件は，「犯罪」の枠を越え，子どもの「育ち」を支える学校・家庭・地域のあり方を問いかける契機となった。

　この事件を受けて兵庫県は，「心の教育緊急会議」を発足させ，「ノー・スクールデイ」の実施を決定した。これは，中学2年生を対象として，5日間にわたって一切学校に登校させず，地域社会のなかで職業体験を行わせるというものである。生徒が自ら希望する職場を選び，地域の人々が講師となる初めての試み（trial）ということから，「トライやるウィーク」と名付けられた。

　この事業のねらいは，生徒が地域の場で経験を積み，「勉強」とは別な市民としての資質を自覚すると同時に，学校と地域が連携し，ともに教育することの意義を確認することにあった。いわば，学校に閉じこめられることで欠落した「生の社会体験」を補い，「地域の教育力」を再発見しようというのである。これは，「子ども問題」への対処が困難ななかで，学校が独占する教育から，学校と地域とが「共生」する教育への転換が求められていることを示す試みであったといえる。

(2)「開かれた学校」の提唱

　もちろんこうした転換自体は，近年政府審議会の答申でも繰り返し強調されてきたものである。代表的な中央教育審議会第15期答申（1996）をみると，「学校・家庭・地域社会の役割と連携の在り方」が重要課題として指摘されている。そのなかで学校

は「[生きる力]の育成を基本とし，知識を教え込むことになりがちであった教育から，自ら学び，自ら考える教育への転換」を求められているとされ，社会に対して「開かれた学校」となるべきだと述べられている。

具体的には，学校づくりに次のような点を導入することが求められた（一部抜粋）。

①地域に対する情報の公開や協議の場の設定など開かれた学校運営の推進
②地域の人々や父母の非常勤講師・学校ボランティアとしての参加の促進
③体育館や特別教室など学校施設の開放と管理運営体制の整備
④少子化による余裕教室いわゆる空き教室の有効な地域での活用
⑤学校と社会教育施設等との複合化すなわち併設・共同利用

施設の開放はもとより情報や人材の開放も含めて，学校を地域に「開く」努力が，校長や教師たちに要請されたのである。

(3) 臨時教育審議会の答申

この考え方は，臨時教育審議会第三次答申（1987）で示された学校観を踏襲したものといえる。本来子どもの発達や成長は学校・教師だけでなく親や地域の人々による社会的働きかけすなわち社会化の所産であり，これらの人々が学校教育にも関わっていくと同時に，子どものしつけや健全育成に応分の責任を担うのは当然である。学校はこうした人々との教育的な連携の下でスリム化され，その限界を見きわめ，あるべき必須な役割を特色づけながら積極的に果たすことになるというのである。

もちろんここには，自由な学校間競争によって個性的な学校づくりが促進するという自由化の論議があったことを見落とすわけにはいかない。だが，そうであるとしても，「開かれた学校」の主張が，学校を閉じた場とせず，社会における学校の位置づけの改変を求めるものであったことは疑いえない。

(4) 「教育力」の衰退

しかしながら，その実行はそれほど容易ではない。地域社会についていえば，農村共同体の崩壊と情報化・都市化の進展のなかで，地域の社会的紐帯は見えにくくなり，「社会的オジ」とでも呼ぶべきインフォーマルな教育の担い手も存在しえなくなった。また，趣味やスポーツなど地域の組織的サークル活動も，充分に根付いているとはいいがたい。

一方で家庭も，少子化・核家族化が進むなかで「わが子」意識を強め，早期教育や

塾教育など外部機関への教育委託に力を入れるようになった。また，子どもに対する価値観や態度など家庭内の文化伝達にも階層的な差が生じ，「しつけ」に対して充分な配慮を行わない家庭も目につくようになった。つまり，家庭や地域の「教育力」の全般的な衰退自体が問題になっているのである（藤田，1991）。

このようななかで，多くの父母や地域の人々は，依然子どもの教育を学校に期待し依存する姿勢を変えてはおらず，学校中心の教育を支持し続けている。そして，子どもに対する評価や人間関係等の点から，学校・教師への批判をためらいもしている。そのため反面で，教育の専門機関として，学校に子どもの問題の責任を問うケースも少なくない。

それゆえ「開かれた学校」を作る営みは，学校・教師の閉じた意識を改変するばかりでなく，他方でこれらの人々に対する家庭や地域の「教育力」の再認識をうながし，自然で前向きな「学校参加」「教育参加」のための仕組みを構築していくことを必要としている。

2. 学校参加の国際比較

(1) 各国の学校参加

では，先進国の父母は，日本と比較して，学校とどのような関わり方をしているのであろうか。筑波大学の教育制度学研究室が中心となって，1994年に日本を含む世界6ヵ国の小・中学校で行った意識調査の結果から考えてみよう（窪田ほか，1995）。

まず学校に父母が参加する場合の参加組織の形態についてみると，父母と教師とで編成される組織いわゆる「PTA」を持つ学校が主流という国が多く，日本をはじめアメリカ，イギリス等がこの形態である。一方フランスでは，父母だけで別に構成される「親組織」が主流になっている。

次にPTAが力を入れている活動を見ると，諸外国では「学校の資金調達活動」が最も多く，経営環境の厳しさを背景とした支援援助の姿勢が感じられる。一方，日本では「PTA会員のための親睦・研修活動」が最も多くなっており，他国との性格の相違を表している。また，「PTA活動を活性化させる条件」を見てみると，「会員の参加意識」がどの国でも最も高くなっているものの，諸外国では「校長の協力」も高くなり，日本の低い回答率と異なって，学校の自律した経営管理のなかでの父母参加の重要性を感じさせる。

こうみれば，明治以来の「公」としての学校の存在もあるためか，日本の参加組織・活動は依然補助的なものにとどまっていると見られよう。

⑵ アメリカの「パートナーシップ」

　OECD による教育参加の報告書では，学校－父母関係の相違は一層鮮明である（OECD 教育研究革新センター，1997，1999）。

　たとえば，アメリカでは，学校が親に十分な情報を与え学校に関与してもらうのが当然と考えられており，たびたび「パートナーシップ」という概念が使われてきた。この概念は，互いの心理的な親和感といったようなものを超えて，子どもの教育という共通な目標に向かった同盟関係と解されている。つまり，ビジネスと同様に，それは互いの投資と利益との調和をめざす営みとしてあり，親は子どもの成長に必要な自身の努力の一環として，学校教育への「投資」から利益を得ようと考え，学校もこれに応えるプログラムを準備すべく努力するというのである。

　この「パートナーシップ」は，多文化多民族を抱えるアメリカでは，言語や障害など問題を抱える子どもの親も含め，親と学校が子どもの教育水準を高める一つの方略と考えられ，教育政策の決定にも大きな影響を与えてきたといわれる。

⑶ フランスの「オリエンテーション」

　一方，教育の中央集権的色彩の強かったフランスでは，学校と親の関係は別な緊張感を帯びてきた。ここでは，親も，教師・生徒と同様，教育コミュニティを構成するメンバーと見なされ，「オリエンテーション」すなわち子どもの受けるカリキュラムやその結果としての進路に関する情報等を知る権利を得るものと見なされた。親の声は，この学校情報に対する評価によって，全国の親連合組織や中等教育での学校管理評議会等を通じ，教育実践や政策に大きな圧力となってきたのである。そのため，親と学校はパートナーというより，認識や利害の対立を帯びた関係と理解されてきたという。

　近年地方分権化の進展とともに，従来の閉鎖した学校から地域に開放された学校づくりが模索されているというのは，わが国と共通する点とも見られる。

⑷ 日本の「PTA」

　翻って日本はどうか。たびたび指摘されるように，戦後成立した PTA は役員のなり手がいないなど消極的参加のために，総会や講演会を支える団体と見なされがちで，必ずしも学校と父母・地域住民の接点として充分には機能してこなかった。とはいえ，交通安全指導や校外パトロール指導など地域に定着した学校を支援する実践活動もあり，また事件や事故あるいは学校区の再編など一度切実な教育課題が生じれば，現在でも PTA が父母が意見を述べる唯一の場を提供している。

その一方で，学校・担任教師から親への働きかけは，他国にない緊密さを帯びている。たとえば学級・学校通信の発行，連絡帳のやりとり，家庭訪問，授業参観，通信簿の所見等，日々の子どもの様子を伝えるさまざまな方法がとられてきた。つまり日本の学校は，これらの方法で，学校内部を見せることなく，間接的に父母に対する教育の「説明責任」（アカウンタビリティー）を果たしてきたともいえる。

従ってこのことは，父母に対して，他国のような対等なパートナーあるいは実践活動の評価者という立場ではなく，学校主導による受動的な協力者という役割を与えてきたと見ることもできる。

3. 「開かれた学校」の実践

(1) 「地域交流特別クラブ」の事例

それゆえ「開かれた学校づくり」では，父母や地域住民に対等な権限を認め，従来にはない教育実践活動への参加いわば協働活動（コラボレーション）を求めていくことが必要となる。言い換えれば，学校と地域社会との「共生」とは，それぞれが独自の「教育力」を生かしながら，ゆるやかに連携することなのである。

では，どのような活動がそれを可能にするのか。いくつかの事例を紹介してみよう。

たとえば千葉市の打瀬小学校は，校庭が隣接する公園の遊歩道として開放されているユニークなオープンスクールとしても知られるが，ここでは地域の人々を講師として募集し，特別クラブを開設している（千葉市立打瀬小学校，1998）。そのクラブは，パソコンや手話講座，スペイン語講座，サッカー教室等きわめて多彩であり，講師もすべてボランティアで，子どものいないご夫婦や外国人の方などさまざまである。学校側も，教職員がクラブの補助者となり，終了後にはお礼状を出すなど可能な援助に努めているという。

子どもたちも実体験にもとづく講師の話に触発されることが多く，自分自身のこだわりをもって活動に取り組んでいる。「普段学校では教えてくれない泳ぎ方やできないことを教えてもらったのでうれしかったです」等の感想からは，学校内では困難な教育実践の可能性が感じられる。

もちろん，保護者のクラブへの参加が少ないなどすべて目論見通りには進んでいないものの，実践の具体的な事例を提供しているといえる。

(2) コミュニティルームの設置

学校・地域連携のモデルとして知られる習志野市の秋津小学校では，余裕教室を利

用して地域の人々がさまざまな活動に取り組んでいる（岸，1999）。ここでは，地域の代表がリーダーシップをとり，朝9時から夜9時まで，料理やパソコン，陶芸等30ほどのサークルが交代で教室を利用する。もちろん大人だけではなく，子どもも楽しむ場であり，たとえば将棋クラブに通うお年寄りは子どもの指導にもあたっている。しかも，母親だけでなく父親にも，学校への参加を働きかけている点が興味深い。

　また，活動の基本を地域代表・父母・校長等からなる運営委員会によって決定しており，「学校を出会いの場に」「地域を生きる場に」をコンセプトに，参加者の個性を生かした活動の立案に努力している。さらに運営委員は教室の鍵も保管しており，教室の管理にも責任をもち，学校の管理職を仲立ちとしながら，パートナーシップの形成にも努めている。

　この事例は，東京のベッドタウンという条件もあり，学校という人々が交流しやすい場で，変化しやすい「地域の記憶」をとどめていこうと試みたものであり，地域主導のユニークな実践であるといえる。

4. 学校と地域とのネットワーキングを求めて

　このように，学校5日制の完全実施や総合学習の実践など新しい学校教育の動きに対応して，学校と地域との「共生」いわばネットワーキングを求める声はますます強まるだろう。それにともなって，住民や保護者が校長に直接意見を述べ助言する「学校評議員」制度や，学校で実際の教師の授業や社会教育の講座を受講する「開放講座」，生活科や総合学習での援助者としての父母の「授業参加」等，生涯学習時代に見合ったさまざまな連携の方法が実践されると思われる。

　こうした試みを通して，学校にさまざまな職業や家庭環境をもつ地域の人々の視線が注がれ，閉鎖的で硬直化しがちといわれる学校の文化に変化が生じるならば，学校という場に新たな物語が生まれることも期待される。そのためには，一にも二にも，当事者となる教師・父母・住民が，子どもの日常生活を正確に理解し，「育ち」のいまを支援する姿勢をもつことが望まれるのである。

11 学級集団

1. 学級集団とは

「学級（class）」とは，すべての人々にとってなじみ深いものである。学校に属するとは，ある学級に所属することである。この学級という語は，アリエスの『〈子供〉の誕生』で明らかにされたように，16世紀から17世紀にかけてフランスにおいて確立された制度をその源としている。伝統的に集団意識の強いわが国では，学制の確立とともに「学級」が根づいていった歴史的経緯がある。

学級を指導する教師は，子どもが最初に出会う親とは違った社会的な大人であり，「あのような大人になりたい，あるいはあのような大人にはなりたくない」といったよい意味でも悪い意味でも一つの大人のモデルをもたらす。子どもは，学級の一員としての役割をもち，級友をもつことで学級に適応し，教材を学ぶことを通して知識・技能の向上を図り，対人関係のもち方や学級規範などの社会的ルール等について学ぶ。それでは，学級集団と他の社会集団にはどのような特徴の違いがあるだろうか。

「学級」を一つの単位として集団指導を行う利点は個別指導と比べ，量的にも質的にも学習効率がよく，また生徒の人格形成にとって好ましい影響が見られることである。

学級集団が他の社会集団と比べて大きく異なる3つの特徴がある。1つは「集団構成メンバーが大人の教師と多くの生徒からなる」ことである。学級は生徒集団のみで成立するのではなく，その集団を率いる公的に認められた教師の存在によって初めて意味をもつ。

2つは「学級目標がある」ことである。これは，集団そのもののパフォーマンスではなく，集団の変容をとおしたそれぞれの生徒たちの人格形成および知的発達をうながすことが目的である。

3つは集団の「継続時間が決まっている」ことである。学級はそのほとんどの場合が1，2年の周期で，その集団の解散・形成を繰り返す特徴をもっている。

次に，学級集団経験がどのような意味をもっているか考えてみよう。

2. 思い出にのこる2つの学級

多くの人々が以前のことを振り返るとき，必ずといっていいほど思い出に残る学級が1つや2つはある。これとは逆に，思い出したくない苦い経験をもつ学級もある。

(1) 苦い経験をもつ学級

それでは，思い出したくもない苦い経験をもつ学級とはどんな学級であろうか。それは直接的にいじめを受けた学級であるとか，先述したような日本型の管理的な統制の強い学級や○○学級王国などといわれる学級が即座に連想される。その逆に，教師による教育指導がうまくいっていない放任型の学級，今日の言葉でいえば学級崩壊現象を呈している学級であろうか。これらの学級の生徒たち一人ひとりは，教師や生徒の一部の強圧的な態度や攻撃におびえながら，また教師の適切な指導力のなさから学級における位置づけをえず，その学級で自由に振る舞うことができず，苦しい思いをしており，その経験が心の傷として卒業した後までも残っているといえる。

(2) よい思い出にのこる学級

一方，よい思い出に残る学級は，ただたんに教師との関係あるいは友だちとの関係にめぐまれたという懐かしい思い出のみが残る学級ではない。これらの学級で最も大切なことは，あるできごとをきっかけとして教師と子どもたち相互の間に課題解決に向けた「教える‐学ぶ」という教育的関係が成立し，新たな認識の変化をもたらすという共有経験をもったことであろう。このことが，教師にとっても子どもたちにとってもその後の社会的態度や行動を決定するさいに思い出される学級であり，重要な参照枠の一つひとつの契機となっていることである。

このような意味で，学級経験はわれわれの両親を通して得た認識や価値観を相対化したり，新たな認識や価値観の獲得の拠り所になっており，自分自身を物語る価値や意味の源泉であるといえる。

3. ミクロ‐マクロな構造をもつ学級集団

それでは，学級集団とはどのような特徴をもつのであろうか。これまでの学級論では，学級集団の発達過程は探りの段階，形成期，安定期，終末期というような単線的

な段階論的な発達過程をとると仮定され、この考え方にもとづいた多くの理論が提出されている。しかし、対人関係や国際関係が、あるできごと（事件）をきっかけに、瞬時のうちにより友好的になったり、厳しい緊張をはらんだものとなるのはよく知られた例である。これらの例に見られるように、学級集団のありようも、あるできごとをきっかけに劇的な変容をもたらし、従前の仮定されたような単線的な発達過程をとるものではない。

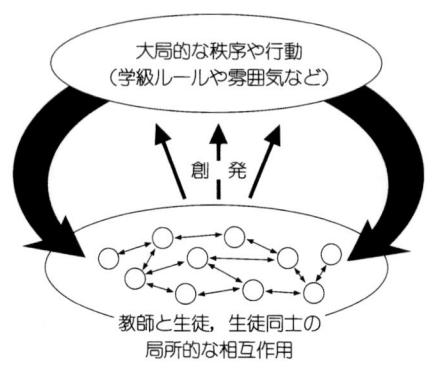

●図11.1 学級におけるミクロ−マクロな相互作用

　学級集団の過程は、教師とある特定の児童・生徒あるいは児童・生徒どうしの、いわば局所的（ミクロ）な相互作用がなされて、それが学級の一つの方向性（マクロ）を決定する要因になり、そうした意思決定がまた局所的な対人関係に影響を及ぼすという相互規定性を特色とする「ミクロ−マクロな構造」をもっている（図11.1）。

　学級内のミクロとマクロのこうした相互規定的なやりとりは、学級集団の不変な状態を規定せず、つねに状況に合わせて互いの構造や機能を変えている。いわば、学級集団は異化し続けることで進化しているのである。

　学級は、本来、開いた系であり、学級は動的であり、進化し続けるミクロ−マクロな構造をとる。だが、実際には、学級はどのようなメカニズムをとるのであろうか。子どもの振る舞いが極端である「閉じられた」学級と「開かれた」学級を取りあげ、それらの学級のそれぞれの特徴を考察する。

4.「閉じられた」学級

　さて、先に思い出したくもない苦い経験をもつ学級が直接的にいじめを受けた学級であり、教師や生徒の一部が学級を強圧的に牛耳っており、生徒一人ひとりが自由に振る舞うことができず、苦しい思いをした学級であるとした。これは「閉じられた」学級という場合に当てはまるだろう。まさに、日本型の管理的な統制の強い学級や○○学級王国などといわれる学級が即座に連想されよう。

　「閉じられた」学級とは、強圧的な教師あるいは支配的な生徒をトップとし、彼らの指示・命令に従う数人の結束力のある生徒たち集団（サブトップ）があり、彼らが実働部隊となって強圧的な教師や支配的な生徒たちの意向に忠実に、他の多くの生徒

● 表11.1 「閉じられた」学級の特徴

「閉じられた」学級（参照点が自己の外部にあることが階層性を生じさせる） 　動かない学級の像 　固定的な人間関係 　頑なな階層性 　ゆらぎのない閉塞感、緊張感 　個人が自己を参照点とせず、他人の目（評価）を気にする。

たちを支配するという，ゆるぎのない階層性が敷かれている学級である。

　このため，この種の学級（表11.1）では，本来対等であり，自由に友だち関係を組み替えることができるはずの生徒どうしの人間関係が固定化され，閉塞的であることが容易に予想される。生徒たちは，この種の学級においては，つねに彼らの圧力にさらされ，彼らのルールに従うように強要され，そのルールの範囲内で行動することが求められている。もしこれらのルールから逸脱した行動をとった場合，これらの生徒たちは彼らから罰を与えられ，学級内においてはきわめて弱い立場に置かれることになる。こうした「閉じられた」学級においては，大半の生徒たちは自由に振る舞えず，自分の実感を大事にできずにいる。

　生徒たちは，その学級で求められる秩序や目標との距離によってのみ自己をとらえ評価し，彼ら自身の基準にもとづいた評価ができないのである。しかも，目標達成のプロセスが絶対的，固定的であると考えがちであるため，個々人の特徴を生かせない状況にある。

　自己は，本来，はじめから固有のものとして存在するのではない。母親を中心とする家族や周りの大人や子どもたちとの生活や遊びのなかでのやりとりを通して，社会的意識や自分に固有の意識を見いだすことで「自分」を獲得していくというプロセスを経験する。したがって，多くの級友たちとの相互交流を通して，これまで経験しなかったような「自分であるもの」と「自分でないもの」との区分や「新たな自分自身への気づき」といった視点を獲得する。こういった新たな視点の獲得は自分を見る自分を発見するといったメタ自己を次々と見いだすことになり，まさに自己の再発見の繰り返しをもたらすことになる。

　「閉じられた」学級においては，他人の目を気にすることで自分を獲得することや，時として周囲と行われるはずの交流すら容易にできない状況に陥ることがあるのだ。この立場からすると，「閉じられた」学級においては，子どもたちどうしの人間関係が固定化され閉塞的であり，彼らは自由に振る舞えず自分の実感を大事にできず，新たな視点を獲得するチャンスにめぐまれないといえよう。

5.「開かれた」学級

　「開かれた」学級にも，当然ながら，求められる秩序や目標は厳然として存在する。ただ，その達成プロセスは，相互に協力しあいながら行うが，学級の個々人によって異なることが認められている。いやむしろ，異なったやり方が奨励され，生徒個々の個性ある達成プロセスが求められ，それらの影響関係が重視されている。

　このような学級（表11.2）には，開放的な雰囲気があり，自由な相互交流が促進されやすく，新たな秩序が出現する。このなかで，生徒たちは自発的に振る舞い，他の人との交流や出会いを通して，新たな視点からものごとを考えられるようになったり，自己を見ることができるようになることを導く。過去の自分の行為や経験を振り返り，内省し，自らのモデル像を形成する次の段階へと自己を導くための，いわば自己参照を経験するのだ。このことは新しい意味での自己内コミュニケーションをもたらし，それによって新規な基準や価値観に沿った新たな自己を創出する可能性をもたらす。

　あるできごとをきっかけとして，教師と子どもたち相互の間に課題解決に向けた「教え－学ぶ」という教育的関係が成立し，新たな認識の変化をもたらすという共有経験を得られるのである。

　それでは，教師の指導のしかたによって，学級が「閉じられた」学級または「開かれた」学級へと変わっていった１，２の学級事例について紹介する。

　最初の学級は対象学級が小学３年生であり，新しく赴任してきた中年女性教師をトップとした「閉じられた」学級事例である。この教師は赴任早々強圧的な態度で接し，学級を管理した。たとえば，児童が給食用の箸を忘れたら，手で食べさせる屈辱を味あわせたり，漢字練習や計算ドリル忘れは忘れ物チェックリストにつけ，帰りの会で発表し，中傷を浴びせた。この教師は学業成績のみを重視し，学級委員などに成績のよい児童たちのみを任命した。そのため，以後の学級活動では児童のほうからの自発的な活動や意見が出なくなった。他の児童から信頼されていた児童は教師から標的に

● 表11.2 「開かれた」学級の特徴

「開かれた」学級（参照点が自己にあることが自己創出を生じさせる）
開放的な雰囲気
自由な相互交流
新たな秩序の出現
プロセス変化と進化
自己参照と進化する自己
自己を触媒にした自己創出性

され，少しでも教師のルールから逸脱すると，みせしめのような罰が与えられた。児童たちは教師の標的にされないように学級では肩を竦めていた。

　次は，教職6年めの男性教師の赴任によって「閉じられた」学級から「開かれた」学級へと変わっていった事例である。F県K市近郊のある小学4年生の単学級は，前年ぐらいからO男を頂点とする一部の男子グループの支配体制が成立していた。彼らは自分たちを脅かすものには教師に対してさえも容赦なく攻撃し，この固定的な支配関係を守っていた。5年生になって新たに担任となったN教師の呼びかけやいじめ調査をきっかけに，女子児童たちが「このままの学級じゃいけない」「この学級はみんなバラバラで，何をやってもダメ」と訴えた。この「閉じられた」学級から離れよう，この学級状態を打開したいという気運がまさに萌芽してきた状況を好機に，教師はO男やI男への接近を試み，積極的に介入した。運動会の重要な係にO男やI男を抜擢し，みんなの協力のもとに活躍させたのである。その結果，O男やI男は自信をもち，他の児童たちも彼らを認め，親近感をもった。その後，みんなで協力することのすばらしさに気づき，みんなの力を地域での空かん拾い活動や学習発表会などに発揮した。児童たち一人ひとりが自分たちの手で諸活動を計画し，実行する主体性のある学級への変貌を遂げるものとなった。この学級状態は，まさに「開かれた」学級の状態であったといえる。

6.　まとめ

　最近，都市部の小学校高学年を中心とした学級において，「学級崩壊」現象が生じていると指摘されている。それも，これまで若手教師が抱えてきた学級のアレ（荒れ）という問題に代わってベテラン教師の学級において多発しているという新たな問題が指摘されているのである。この問題の発生を契機に，学校では学びの形態を軸とした集団化をめざす動きがあり，従来型の学級集団形態を取ることは批判されている。

　さきに子どもの自己創出と「開かれた」学級の関係について論じたように，この自己創出を導くきっかけこそが学級集団を舞台として繰り広げられる人間関係や学級活動を契機にして産出されることが期待されるのである。子どもの成長・発達にとっての学級経験の意味を明らかにしていくことは，今後の教育を考えていくうえでも重要なことであろう。

12 学校像の模索

1. 21世紀の学校へ

　世界各国で21世紀の学校像が模索されている。19世紀に制度化され20世紀に普及した近代学校は、大別して2つの社会的要請によって構成されてきた。その一つは国民国家を構成するナショナリズムの要請であり、もう一つは産業社会の発展をうながす産業主義の要請である。前者は、共通教養と国民道徳の教育に具体化され、後者は、有能な労働力を育成する生産的で効率的な教育に具体化されてきた。こうして、学校は、すべての人々に「国民」としての基礎教養を保障し、産業社会の発展を担う労働力を養成してきたのである。

　しかし、過去数十年間、学校教育は、先進諸国において数々の批判に直面してきた。国民の教養水準を保障してきた国民教育は、その画一性と硬直性と官僚的な体質を批判され、生産性と効率性を追求してきた学校教育は、大工場のアセンブリラインのような機械的システムにおける非人間性を批判されてきた。一人ひとりの個性に根ざした人間的な制度としての学校への転換が求められたのである。さらに、冷戦構造崩壊後の状況において、経済と文化のグローバライゼーションが進行し、ナショナリズムを中核としてきた「国民教育」が規範性と正統性を失うと同時に、ポスト産業主義の社会の到来は、大量生産の大工場をモデルとして生産性と効率性を重視する学校教育のあり方にも転換を迫っている。

　近代学校に対するラディカルな批判の出発点は、イリッチの『脱学校の社会』(1970)とフレイレの『被抑圧者の教育学』(1974)に見ることができる。

　イリッチは、学校が、潜在的カリキュラムによって「消費社会」と「労働市場」への「通過儀礼」として機能し、「新しい世界教会」である「知識産業」から調達される「知識」という「アヘン」を分配し調合する場所になっていると批判している。「価値の制度化」を推し進める「学校化された社会」においては、人々の学び育てる知恵は過剰な管理のもとで無能化されているというのである。この「学校化された社会」に対抗してイリッチが提起するのが「脱学校の社会＝共生する社会」である。イ

リッチは，学校制度に代替するシステムとして，「事物」「模範」「仲間」「年長者」の4つの学習の要素をつなぐ「学習ネットワーク」を提唱し，学校の将来像を描き出している。

他方，フレイレは被抑圧者に与えられた学校教育が，知識や技能を意味もなく蓄える「銀行預金型」の教育であったと批判し，被抑圧者が自らの生活の意味を呪縛している枠組みを批判的に読み解く「対話型」の教育へと転換する方略を提起していた。これらの批判を基盤として，過去数十年間，世界各国でさまざまな学校改革構想が提起されてきた。

2. オープン・スクールとフリー・スクール

1970年代に普及した学校改革運動として，オープン・スクールの運動とフリー・スクールの運動をあげることができる。いずれも公立学校の画一性と硬直性を批判し，マイノリティの子どもたちを対象に自由で柔軟で創造的な教育を追求する運動であった。

オープン・スクールの運動は，イギリスのインフォーマル・スクールに触発されて展開したアメリカやカナダの子ども中心の原理を基礎とする学校改革の運動である。その特徴は，柔軟なカリキュラム，豊富な学習環境，協同学習を実現する教室空間，テーマ学習を基本とする授業の改革にある。黒板とチョークと教科書による授業に代わって，主題を中心に多様な資料を活用して協同的に探究する教室が創造されている。この学校改革は，教室の改革として持続し，今では，イギリス，アメリカ，カナダなどでは，大半の教室がオープン・スクールの様式となっている。なお，わが国でもオープン・スクールは，学校建築の様式として普及しているが，アメリカにおいてオープン・スクールの教育運動と学校建築のオープン・スクールの運動とはまったく無関係である。

さらに，オープン・スクールの運動は，貧困地域のなかに「マグネット・スクール」と呼ばれる，「磁石」のように学区を越えて多様な子どもたちを集める改革の拠点校を作りだし，人種と階級ごとに分断された公立学校の実態を改善する試みへと連なっている。

オープン・スクールの運動と並行して，公立学校の枠外で親たちが自分たちの学校を作り運営するフリー・スクールの運動も展開した。公立学校の枠外にあり学校法人の学校である点で，フリー・スクールは私立学校の範疇に属しているが，授業料無償の学校である点で一般の私立学校とは異なる性格をもっている。フリー・スクールは，

公立学校に不満を抱くマイノリティの親たちや富裕な家庭の親たちが建設したオールタナティブな学校であった。

しかし，フリー・スクールの運動は急速な衰退を余儀なくされている。授業料無償の学校であるフリー・スクールは，基金の提供者である富裕な支援者の意志を尊重せざるをえないため次第に保守化し，その存在意義を失ったのである。多くのフリー・スクールは，「アカデミー」と呼ばれる中産階級の子弟が通うエリートの私立学校へと転身し，一部のフリー・スクールだけが公立学校のなかへと参入して，オールタナティブ・スクールとして改革を持続している。

3. ネオ・リベラリズムの学校改革

1980年代から今日にいたるまで，2つの対立する学校改革の運動が拮抗している。一つは，これまで国家が管理してきた公教育を民営化して市場原理で統制しようとするネオ・リベラリズムの学校改革運動であり，もう一つは，地域の共同体を基盤として教育の公共的領域を再構築する社会民主主義の学校改革運動である。

ネオ・リベラリズムの学校改革の典型的な方略は，ヴァウチャー制度である。ヴァウチャーとは教育税の支払いによって受け取る金券である。親はこの金権を活用して学校を自由に選択し授業料を支払い，学校はこの金権を教育委員会に提出して現金化して学校を経営することになる。すなわち，ヴァウチャー制度は，親の自由な学校選択を実現し，公立学校を教育サービスの市場競争のなかにおき，企業体のように運営する制度であり，公立学校を私立学校のように民営化することを可能にするシステムである。

このヴァウチャー制度は，わが国でも中曽根首相の諮問機関として設けられた臨時教育審議会（1984年設立）の中心的眼目であったが，教育の機会均等の原則を破壊するものとして文部省が強く反対して，その導入が見送られた経緯がある。アメリカにおいては，10年以上激しい政策論争を繰り返しており，一部の市を除いては導入されてはいない。

ヴァウチャー制度はフリー・スクールの運動を基礎として議論されてきたが，フリー・スクールに替わって普及したのが，ホーム・スクールの運動である。ホーム・スクールは，富裕な家庭の親たちが自ら資金を出し合って教師を雇用して子どもたちの教育を行う制度を意味している。ホーム・スクールは，ホーム・スクールに通わせる親たちの教育税を経費の一部として還元する措置を各州が認めて以来，全米の各地で試みられ，ホーム・スクールに通う子どもたちは50万人を超えるまでにいたってい

る。

　1990年代には，公費によって私立学校を運営するチャーター・スクールと呼ばれる新しい学校の方式が注目を集めてきた。チャーター・スクールは，公費で運営されている点では公立学校と同じであるが，通学区を特定せず，カリキュラムも教育行政の枠外で自由に組織して，私立学校と同じように企業体として経営しているところに特徴がある。すなわち，チャーター・スクールは，学校を設立した教師集団と行政当局との間の「契約」によって学校認可を更新する学校であり，公立学校よりも大幅な自由を与えられた学校である。より簡潔明瞭に表現すれば，公費でまかなわれる私立学校と見なしてよい。この新しいシステムは，1992年にミネソタ州で開始され，現在では全米で約千校のチャーター・スクールが存在している。

　ホーム・スクールとチャーター・スクールは，いずれも学校選択の自由の主張を基盤としている。学校選択の自由の主張は，アメリカにおいては人種の分離を求める要求を基礎として展開してきた。そして現在，ホーム・スクールとチャーター・スクールは，人種の分離と階級・階層の分離を求める人々の意見を基礎としており，人種の平等と人種の共生に真っ向から対決する学校改革の運動として展開している。わが国でもエリート教育と大衆教育とに公立学校を分断することを求める人々によって，チャーター・スクールへの関心が日増しに高まっている。

4.「学びの共同体」としての学校

　ネオ・リベラリズムの学校改革運動が，自律的な個人の自由な選択を原理として公教育の私事化と民営化を推進しているのに対して，社会民主主義の学校改革運動は，学びの共同性を原理として，教育の公共的領域を地域の人々のネットワークを基盤として再構築する改革を推進している。そして，この後者の学校像は「学びの共同体 (learning community)」と呼ばれている。

　「学びの共同体」としての学校は，子どもたちが学び育ちあう場所であるだけでなく，教師たちも教育の専門家として学び育ちあう場所であり，親や市民も教育の事業に参加して学び育ちあう場所である。そして，「学びの共同体」としての学校は，これまで官僚的な教育行政によって統制されてきた学校を子どもと教師と親と市民の連帯で民主的に再構成する改革を推進している。

　「学びの共同体」としての学校像は，新教育運動において創設された新学校の歴史的伝統を基礎としている。アメリカのデューイの実験学校，フランスのフレネの学校，ドイツのシュタイナー学校をはじめとして，欧米の新学校の多くは，学校を「学びの

共同体」としての学校に再構築する改革運動であった。この革新的伝統が，21世紀の学校像へと発展的に継承されている。

「学びの共同体」としての学校は，学校を地域における教育と文化の公共圏として再構築する課題を遂行している。多様な人々が多様な文化を交流して教育の公共圏を創り出す運動であり，民主主義の原理で共生する社会を建設する運動である。この思想は，教室における授業と学び，カリキュラム，学校における意思決定のすべてに貫かれている。

教室では多様な子どもたちがコミュニケーションを通して学びあう関わりが築かれ，学校の内部では教師たちが専門家として育ちあう「同僚性（collegiality）」の構築が追求されている。さらに，親たちは教師たちと連帯し協同して学校の運営に参加し，地域の文化と教育のセンターとしての学校づくりを推進している。

学校は多様な人々が憩い交わり育ちあう「共同体」として認識されている。この「共同体」は，学校組織が小さいほど有効に機能すると考えられている。その一つの方策として，一つの建物の学校をいくつかの学校に分割して経営する「学校内学校（schools within school）」（「ハウス」「ミニスクール」とも呼ばれる）の方式が採用されることもある。さらに，これらの「ハウス」や「ミニスクール」の方式を活用して，学校内に異なる教育哲学にもとづく複数のプログラムを準備して，親や子どもに選択させる方式を採用している学校もある。

今日，個人の自由な選択を基礎として学校を市場競争の原理で統制しようとするネオ・リベラリズムの学校改革運動と地域のコミュニティを基礎として人々のネットワークによって学校を「学びの共同体」に再構築する社会民主主義の学校改革運動は，いっそうきわだった拮抗関係を生み出している。欧米諸国においては，近年，新保守主義とネオ・リベラリズムの政治的破綻を契機として社会民主主義の社会政策と学校改革運動が次第に優勢になりつつある。これまで国家の管理にまかされてきた公教育を人々の参加によって運営する改革が進められ，多様な人々が共生する関わりを築き，教育の公平性と民主主義を拡張する改革が模索されている。学校は「民主主義（デモクラシー）」「文化の伝承（リテラシー）」「共同体（コミュニティ）」の3つのキャノン（規範）を基礎として，その使命をまっとうすることができる。社会民主主義の学校改革は，この3つのキャノンの実現を標榜する運動として展開されている。しかし，わが国を含む経済不況が深刻化している国々では，今なおネオ・リベラリズムの学校改革が支配的な政策となっており，教育の公共性の危機は深刻である。今後の展開を見守りたい。

文脈に埋め込まれた学習

　学校で子どもたちに教育していることが役に立たず，単に学校社会で成功するための知識しか与えていないという批判が生じ，われわれが非効率的と棄ててきた伝統的な教育・訓練のなかでの学習形態にも考慮すべき点が多いのではないかという反省が生じている。特別の学習時間や場所，一定の教育内容，専門の教師のいずれもが存在しない「状況に埋め込まれた学習（situated learning）」もその一つである。

　レイヴとウェンガーは，レベリアのヴァイ族の仕立屋における徒弟制の研究を出発点とし，そこでの学習形態を「正統的周辺参加（legitimate peripheral participation）と特徴づけた。この学習形態では，学習は「実践の共同体への周辺的参加から十全的参加に向けての，成員としてのアイデンティティの形成過程」であり，以下のような特徴がある。①学習されるものは，知識や技能だけでなく，共同体の成員として一人前になるアイデンティティ形成である。②学習を成立させているのは，他者と行う具体的実践活動である。③学習を動機づけるものは，単純な外的報酬や内発的動機づけではなく，実践共同体に参加しているという実感や，実践活動での社会的関係性の要因である。④新米から中堅，熟達者に進歩するにつれて，より重要な業務を行うようになり，全体についての見通しをもつようになる。

　大学の卒業研究や大学院教育を除き，現在の学校教育は，学習者の主体的選択はなされず，その結果，学習の必然性も自覚されないことが多い。また，どこにも通用する知識や技術を問題とするため，学習成果の実践的場面への活用も必ずしも十分に考慮されていない。共同体の生活のなかでの，実践に結びついた，実感をともなった学習活動等は，今後の学習内容・教育形態を構築していくための一つのヒントとなろう。また，今後ますます複雑化・高度化・学際化・情報化していく社会の主体者になるに必要な資質として，義務教育段階で獲得させるべきものは何かを検討するときの重要な論点を提供していると考える。

　　　　　　　　　　　　　　　　　　　　　　　　　　　　　　　（三浦）

3部
教師という仕事

13　教師の一日
14　指導と懲戒
15　組織の一員としての教師
16　子どもを委ねられるということ
17　教師の成長

13 教師の一日

1.「多忙」な生活

(1) 教師の悩み

「とにかく忙しい！　毎日全く余裕がない!!」「多種，多方面にわたって仕事が広がる年齢なので，毎日とにかくいそがしい。ストレスがたまる一方である。」「やはり忙しい。そんな毎日の積み重ねで，あっという間に1年が過ぎる。もう少し，子どもと接する時間を持たなければ，『教師』という仕事のイミがないような気がする。」（原文のまま）

　これらは，1997年に全国約2千名の小・中・高校教師を対象として実施された『教職員のなやみ調査』のなかで，「仕事で感じている悩み」としてあげられた回答（自由記述式）の代表的な事例である（日本教職員組合・教育政策調整室，1998）。この調査では，全体のほぼ半数にあたる教師（47.8％）が，「ゆとりのなさ」や「雑用の多さ」，あるいは「教材研究の時間不足」など，仕事の「時間」に関わるさまざまな悩みをあげており，次に回答の多かった職場内の「人間関係」に関わる悩み（26.4％）のほぼ2倍にあたるきわめて高い割合となっている。どうやら「多忙」は，今日教師が自らの仕事を語る一つのキーワードになっているようだ。

(2) 長い職務時間

　実際教師の一日の仕事は，思いのほか長い。1994年に日教組が行った勤務実態調査の結果によれば，所定労働時間を超えた正規外の勤務時間は，小・中・高校教師の平均（一週6日間換算）で1日1時間31分に及ぶとされ，さらに家に持ち帰る仕事の時間も，平均で1日46分に及んでいるという（日本教職員組合，1997）。これを1日の生活時間に即して考えてみると，午前8時以前には出校し，昼の休憩時間（実際には休息はなかなか不可能）を挟んで午後6時半過ぎまで勤務し，帰宅後就寝前のひと時を明日の準備にあてるということになろうか。学校段階や校務分掌，性別等によっても職務時間に差があることや組合による調査の結果であることなども加味しておく必

要はあるものの，「9時から5時まで」といった公務員にお決まりな定時勤務のイメージとはかけ離れて，多くの教師たちが，学校でさらには学校外でも，長時間の仕事をこなしている実態がうかがえる。

　もちろんだからといって，教師の職務時間が，残業のある多くのサラリーマンと比較して際だって長くなっているというわけではないし，またそれが近年になって極端に延びてきているというのでもない（油布，1997）[1]。さらに，夏休みにおける長期の自宅研修（夏期休暇そのものは4日間程度）や各種の有給休暇なども含めて考えれば，依然として他の職業にはない年間を通した「時間的ゆとり」も存在していると見られる。それならば，なぜ教師たちはこのように「多忙」を訴えるのだろうか。

(3) 知られにくい仕事の実態

　『教師の一日（The Teacher's Day）』を著したイギリスの教育研究者ヒルサムらは，教師の職務を日常生活に即して客観的に理解していく必要があると説く（ヒルサム，1988）。なぜなら，教師の仕事は「子どもの教育者」というイメージから理解されやすく，そのため教室での授業のような典型的な教育活動ばかりが想起され，それ以外の職務活動の実態やその労働としての位置づけが欠落しがちだからだという。実際教師の職務には，子どもの生活上の指導や校務に関わる各種の会議などさまざまな活動が含まれていて，その内容は校内状況や地域環境等によっても異なってくる。こうした学校外部からでは見えにくい仕事の実態に，教師が「多忙」を感じる源泉があると見られる。では，実際「教師の一日」とはどのようなものなのか。

2．一日の仕事

(1) 小学校教師の一日

　1996年に東京大学の比較教育学研究室が中心となって，小・中学校教師を対象とした大規模な実態調査を行っている（藤田ほか，1996）。このデータから，わが国の教師の一日を概括的に跡づけてみよう。

　図13.1は，ある小学校で低学年のクラスを担任する若手教師の場合を取り上げ，一日の活動内容を時刻に即して表してみたものである。調査結果をみると，同僚教師との会話や個々の児童への声がけなど数分程度の細かな活動が多数存在しているが，こ

（1）ちなみに，氏らの調査による勤務の平均時刻では，午前7時22分出勤，午後6時28分退勤になるという。

●図13.1　ある小学校教師の一日

時刻（時間帯）	主たる活動内容（従事した場所・主な時間数：分）
午前7時台～	登校・更衣（更衣室） **教材の準備とコピー（職員室：54）**
午前8時台～	教室の換気・児童と談（教室） 落ち葉掃き・児童への講評（校庭）／朝の挨拶（教室）／ 職員朝会（職員室：11）／児童の指導（廊下）／朝の学活（教室：15） **国語の授業（教室：40）**
午前9時台～	児童への対応（教室） **算数の授業・個別指導（教室：53）**
午前10時台～	児童と遊ぶ（教室）／時程の確認（職員室） **体育の授業（教室：50）**
午前11時台～	靴の履き替え（下駄箱） **漢字練習（教室：22）**
午後0時台～	ランチルームへ整列 **給食の準備・給食・後かたづけ（ランチルーム：77）** ｛並行して，連絡帳に記入｝
午後1時台～	
午後2時台～	**学活（教室：45）**
	下校指導（下駄箱）／画用紙の返却（事務室）／ 教頭とパソコンについて談（職員室）／学籍簿記入（職員室） **宿題の採点・名簿に転記（教室：40）**
午後3時台～	栄養士と打ち合わせ（職員室）／電話（職員室） **テストの採点（教室：81）**
午後4時台～	
午後5時台～	**保護者と談（教室：36）**
午後6時台～	**パソコン業者の対応（職員室：39）**
	教頭と雑談（職員室）／パソコン書類作成（職員室：11）／ 机の整理（職員室：12）／K先生と雑談（職員室） **「頑張りカード」の採点（教室：41）**
午後7時台～	保健の先生と打ち合わせ（職員室）／教頭と雑談（職員室）／ 夕食・食器洗い（職員室）／更衣・帰宅（更衣室）

こでは比較的長時間の主要な活動だけを取り上げ，10分を超える活動については，時間数を示すとともに継続時間を示す矢印も付してみた。もちろん，中学校では教科担任制のために教師の授業担当や校務の分掌形態が異なってくるなど，このケースにあてはまらない点も多々あるが，教師の仕事の特徴を具体的に理解するには有効な事例であるといえる。

(2) 教育活動の実務

この表をみると，まず第一に，授業時間に次いで，宿題やテストの採点，教材の準備やコピーなど毎日の授業に関連した実務活動に多くの時間を割いていることがわかる。特に小学校では，このケースのように授業の時数が5時限と少ない日であっても，小テストの実施やプリント教材の配布等が毎日行われ，実践活動への対処に追われる様子が読みとれる。中学校でも同様であろうが，日々のやりくりを越えて，教科・教材内容の学習や研究にまで至れないのが現状のようだ。

その一方で，個々の子どもと直接接触する時間は，授業時間特に個別指導などを除くとあまり見られない。たとえば，登校する児童との雑談や長い休み時間での遊びなどインフォーマルな接触の活動はいずれも2，3分程度の短いもので，しかも数えるほどしかない。もちろん，授業以外のクラブや行事など教科外活動がある日ならば，接触する活動もかなり増えていくものと思われるが，授業以外の教育的な働きかけの時間は意外に短いとみられる。

(3) 「雑用」の多さ

第三に，学校内外での指導調整活動すなわち同僚教師や父母等との連絡に割かれる時間も多い。たとえば，ここでは管理職との打ち合わせや朝の職員会議，保護者との面談などが見られ，それらが授業以外の朝夕の時間帯やその合間をぬって，細切れに一日を通して絶えず行われている。しかも，給食中に連絡帳を記入したり，休み時間に当日の日程を確認したり等，教育活動と並行して行われている場面さえみとめられる。もちろん日によっては，学年や生徒指導の会議等が別に設定される場合もあるので，こうした活動が一層長時間に及ぶこともありうる。

さらに第四に，学校事務の活動にも多くの時間を割いていることがわかる。たとえばパソコン業者への対応やそのための書類作成など学校設備の管理がこの事例での具体的な活動となっているが，他にも出席簿の管理や教材費の徴収など教務・庶務的な活動も予想され，これら教育には直結していない事務活動，いわば「雑用」の比重も決して低くないといえる。

(4) 多様で不確定な仕事

　もちろん，これは代表的なケースの特徴にすぎず，特別な校内研修や行事準備，あるいは不測の事件等が生じた場合には，活動内容も一変する。たとえば，生徒の事故があった中学校の調査事例では，教師が教室と職員室，玄関先を一日じゅう往復し，生徒の情報収集や管理職・父母との連絡にあたりながら，授業をこなしていく様子が観察されていた。非行や不登校等の生徒を担任する教師にも，類似した実態があることだろう。

　このように見てくると，教師の仕事は，長時間の授業とそれに関連する教育活動以外にも，事務や連絡調整など学校組織の運営に関わる職務活動の時間を含んでおり，「教育者」というイメージを越えたきわめて多種多様な活動内容から構成されているといえる。しかも，それらは時間割に沿った授業等を除けば，確定されたスケジュールに即して進行するというのではなく，なかば混然と，その時々の状況に応じた活動の選択によって続いていくといえる。こうした活動の内容的な多様性と時間的な不確定性に，教師の一日の仕事の特徴があるといえる。

3. 日本の教職の特質

(1) 無限定的な職務

　この事例からもわかるように，わが国の教師は，日々子どもや学校の状況に応じて臨機応変な対応を求められ，その結果，職務の活動内容や責任の範囲を絶えず拡大することになっていた。教師が「多忙」を感じる背景には，こうした一日の仕事の過密な実態がある。そしてこの事実は，「教育」を仕事とすることの特殊性ともたぶんに関連しているといえる。

　従来教師の職務は，「無限定的」であると指摘されてきた。つまりそれは，仕事の完了が自覚されにくく，いつまでも限りなく仕事を続ける感覚がつきまとうということである（古賀，1997）。たとえば，ある子どもの問題行動を改善しようとすれば，生徒指導ばかりでなく父母や地域の協力を求める努力等も必要となり，また1年でも2年でも問題の進展に気をとめていなければならない。このように，広範にわたって長期に及ぶ教育活動の継続がいかようにも可能であり，他の職業と異なって，職務を終了したという実感が得られにくいのである。もちろんそれは一面で，前例となった仕事のパターンを繰り返すだけで事足れりとする自己完結的な教師の職務態度も生み出してきたが，「教育」という終わりの見えにくい仕事のなかで達成感を確保することの難しさがあること自体は疑いえない（古賀，2001）。

(2) アメリカの教師との比較

　しかも日本の教師には，他国に比して，無限定的な仕事の性格が一層強いと指摘される。観察調査の結果から日米の教師を分析したナンシー佐藤は，一般的なアメリカの教師がきわめてクールに仕事をこなすのに対して，日本の教師は仕事に献身的であり子どもの細やかな世話（care）にも気を配るという（佐藤，1994）。

　たとえば，アメリカの教師は，基本的に授業以外の生徒の問題や行動には関与しないので，子どもに宿題を出すこともまれであれば，その生活習慣や仲間関係等に配慮して指導するということもほとんどない。また，教師どうしの委員会や集団活動もほとんどなく，教師個人の専門的な力量が強調されやすい。さらに，教師の休暇はプライベートな職能を磨く時間と考えられ，その期間は給与も出ないため，他の仕事をする者さえ多いという。

　一方で日本の教師は，絶えず生徒や同僚教師との調和と相互依存を強調して，仕事の調整やコミュニケーションに多くの時間を割いており，それが一面で親密な人間関係を築く基盤になるとともに，反面で「多忙」で創造性に乏しい仕事の実態を形成していると指摘する。

　日米での教師の社会的地位や文化的背景の違いもあるため，一概にこうした結論を鵜呑みにはできないが，仕事認識の相違は大きいものといえよう。

4. 教師の専門的成長を求めて

　以上みてきたように，今日，日本の教師の一日は，「雑用」も含めた多様で煩雑な仕事に満ちている。それゆえ，われわれが教師の「多忙」の声から聞き取るべきことは，仕事の過剰さだけでなく，仕事そのものの充実感や専門性の形成が置き去りにされつつ日々が過ぎていくことの問題性である。

　近年バーンアウト（燃え尽き症候群）や精神疾患の多発など教師の精神衛生をめぐる問題が指摘され，職場のケアの必要性が強調されているが，日々の職業生活の改善と生き甲斐づくりが，教師自身の手によっても進められなければなるまい。そのために，教師自身も含め多くの人々が，教師の仕事の実態を正確に理解し，その仕事の本質を見きわめて，スリムで有用な今日の時代状況に見合う「仕事」のコンセプトを再構成していく必要がある。そうでなければ，教師が学校生活を通して培ってきた専門的成長の力が損なわれ，単に仕事の案分だけに腐心するような学校組織の姿になることが少なからず懸念されるのである。

14 指導と懲戒

1．進級をめぐる問題

　学校教育法施行規則第19条には，学年の編制について次のように規定されている。「小学校の学級は，同学年の児童で編制するものとする。（後略）」さらに，同法第27条には，課程修了の認定について，次のように規定されている。「小学校においては，各学年の課程の修了又は卒業を認めるに当たっては，児童の平素の成績を評価して，これを定めなければならない」。なお，これらの規定は，いずれも中学校にも準用されることになっている。

　さて，後者の規定を厳密に適用すると，各学校では児童・生徒の平素の成績を評価して，課程修了や卒業の認定をする必要がある。しかし，実際には進級にあたって特別の試験は実施されていない。それは，19条が規定するように，学級が同学年の児童で編制するものと規定されているからである。すなわち，わが国の義務教育は年齢主義の原理で貫かれている。したがって，仮に進級試験を実施したとしても，実質的にはその結果による原級留置，いわゆる落第は認められないことになっている。

　こうした法的な定めのもとで，「新7・5・3」と呼ばれる現象が生じている。すなわち，高校生の7割，中学生の5割，小学生の3割が授業についていけないという。また，現実はそれ以上に厳しいという指摘もある。仮に判定の結果が悪かったとしても，落第という措置は容易に受け入れられないが，検討すべき課題の一つではある。

　考えてみると，各学年で修得すべきことがらは，学習指導要領に示されていて，いわば人為的に操作されているのである。余談だが，この学習指導要領の変遷に注目すると，興味深い事実が浮かんでくる。1958（昭和33）年に告示された学習指導要領は200ページを超えていたが，その後次第に減少し，最新の1998（平成10）年版は小・中学校とも100ページ前後と約半分になっている。学習指導要領のページ数の決定には別のファクターも加わるから一概にはいえないが，大まかにいえば，児童・生徒が修得すべき内容はこの40年間でおよそ半分になったと見なすことができる。

　1958年といえば，わが国では高度成長期の入口にあたる。その時期の学校教育に求

められていたことは，産業社会の発展を支えるために大量の知識を蓄えた有能な人材を育成することであった。これに対して，1998年に告示された学習指導要領では，それまでの学習指導要領に掲げられていた内容の3割を削減した。すなわち，大量の知識を蓄えた人間から生きる力を備えた人間へと，学習指導要領がめざす人間像を変更したのである。

　各学年の課程の修了や卒業の認定をするといっても，その基準は時代の状況に応じて変化する相対的なものである。したがって，年齢主義にもとづく現行のシステムはひとまず妥当なものと考えてよいであろう。その一方で，無学年制や能力別学級編制など，伝統的な学級編制を見直そうという動きが各国で生じている。これは，学年という人為的な区分を取り払い，子どもの側に立った個別化の思想にもとづくものである。

　わが国でも，1971（昭和46）年の中央教育審議会答申で，「学年別に行うことを固定化せず，弾力的な指導の仕方を認める」方針を打ち出した。この答申は，いわゆる「46答申」と呼ばれ，その後の教育改革に大きな影響を与えている。しかし，現実的には多くの問題が存在し，学年の弾力化の試みは，特別活動などごく一部の領域で実施されているにすぎない。とはいえ，今後さらにその具体化の方向を検討する価値のある視点であることは間違いない。

　学習指導要領の変遷は，そのまま学校の果たすべき役割をめぐる議論の軌跡でもある。

　高度成長期の学校が分厚い学習指導要領を携えて，児童・生徒に大量知識を授けようとすることは，当時の世相にマッチしたものであった。

　しかし，いわゆる「知識爆発の時代」を経て流通する情報量が飛躍的に増大すると，そのすべてを頭に詰め込んでおくことはしょせん無理なことになった。そこで，必要なときに必要な情報をいつでも取り出せることが望ましいと考えられるようになった。そのために，コンピューターなど情報収集の道具を自在に使いこなすリテラシーは，時代を生きる必須のアイテムと見なされるようになった。

　また，国際化や情報化，環境問題の深刻化などの社会情勢の変化に対応して，自ら考え，自ら学ぶ力，つまり生きる力の育成が求められるようになってきている。

　こうした変化の背景には，基礎学力に対する見方の変化がある。そして，学習指導要領は国民に必要とされる基礎学力の水準を示すものとして機能しているのである。

2. 指導としつけ

　そうした基礎学力の内容的な変遷と一部重なりをもちながら，児童・生徒に対するしつけの問題も存在する。
　しつけとは，一般に日常生活における基本的な行動様式や習慣の型を身につけさせることであると考えられている。そして，社会化，すなわち社会的に認知された行動様式や社会規範を身につけ，一人前の社会人として成長していく過程において，きわめて重要な教育的働きかけとして注目されてきた。
　このしつけをめぐっても，いくつもの問題や議論が存在する。
　第一に，しつけは型を重視するものであるから，児童・生徒の個性や自発性を尊重するという現代的な教育観とは相容れないものとして考える見方がある。しつけの方法的特徴は，外面的な型が先行することによって，内面も備わってくるという見方に支えられている。そうした見方に対する反発は根強く，結果としてしつけそのものが教育的議論の表舞台から後退しつつあるように思える。
　第二の問題は，しつけが社会化の一翼を担い，社会に存在する行動様式や規範への同化を求めるという性格から発生する。価値観の多様化と称される時代状況のなかで，同化すべき対象としての行動様式や社会規範そのものが揺れ動いている。原則として，他に深刻な影響を及ぼさない限り何でもありという風潮のなかで，児童・生徒に対するしつけの基準自体が曖昧になってきている。
　第三は，第二の問題とも関わって，しつけを担当する大人，とりわけ親の変質があげられる。しつけは社会化のための教育的働きかけという一面をもっている。にもかかわらず，親自身が必ずしも社会化が成し遂げられておらず，またその必要感をあまりもたないという実情がある。したがって，家庭におけるしつけの動機はほとんど失われている。
　第四の問題は，現代的事情のなかで，ほぼ唯一といっていい合意点としての勉強に対する行動様式だけが，現代におけるしつけの中核をなしつつあるという点である。たとえば，学校のしつけとしての予習や復習，宿題の誠実な履行，そして家庭でも一定の時間は机に向かうという習慣を形成すること。これに進学やその準備作業としての塾通いなども加わって，学校と家庭の双方が勉強本位という点では一致しているのである。
　こうしたしつけをめぐる現代的事情のなかで考えるべきことの第一は，あらためて学校と家庭の役割もしくは連携のあり方の確認であろう。素朴な比較をすれば，家庭

は親子関係を基盤とした縦型社会であるのに対して，学校は同年代の者が集まって構成されている横型社会である。あるいは，家庭は生活の場であるのに対して，学校は学習を中心として営まれる場である。そうした特質を生かす方向に両者の役割を描く必要がある。

　考えるべきことの第二は，伝統的な価値観や社会規範の修得という従来のしつけの方向と，新たな価値観や社会規範を創出するという方向との調和を図ることである。戦後から今日にかけて，旧来の価値観はほぼ全面的に崩壊した。しかし，それに代わる新たな価値観は依然としてその輪郭が見えないでいる。むろん，それぞれの欲求が満たされるという以上に何が必要かという議論もあろうが，社会を構成するためには最低限の合意を形成する働きかけもまた必要である。

　2002（平成14）年度から実施される教育課程には，総合的な学習の時間が創設される。そこでは，国際理解や環境，福祉などの現代的教育課題への対応も構想されている。

　この現代的教育課題とは，言い換えれば社会的問題への対応を考えさせることである。そして，社会的問題の特徴の一つは，恒久的な結論が単一ではない点にある。たとえば，わが国の高度成長期においては，自然保護より開発が優先される風潮があったが，現在では，自然保護は最優先事項になっている。その一方で，先進国と開発途上国の間で，CO_2総排出量をめぐって，激しいかけひきが行われている。時代によって，地域によって価値観は異なるのである。

　しかし，それぞれの生活においては当事者として，あるいは当事者になる可能性があるという意味において，個人としての暫定的な結論をもってそれに臨むことが求められている。伝統的な学校においては，人類が長い時間をかけて蓄積した文化遺産の伝達，見方を変えれば結論や正解のあることを学ぶことが大前提であった。その意味では，社会的な問題を扱うというのは，画期的な変化である。

　こうした学習を通してぜひとも児童・生徒に期待したいことは，新たな価値観や社会規範の創出である。そして，そのための環境は少なくとも学校においては整ったと見ることができるのである。

3．校則の問題をめぐる事情

　学校のしつけを象徴するものの一つが校則である。一般的に校則とは，学校が教育目標を達成するという目的のために，学校生活における秩序維持を中心とした管理規則のことをいう。

近年，この校則をめぐる議論はすこぶる活発である。そこにおける中心的な論点の一つは，伝統的なしつけ観として型から入るべきであるという考え方と，それが個性や欲求を拘束するという考え方の対立である。現実の校則は，学校によってさまざまではあるが，たとえば髪の毛の長さや靴下の色からしぐさの一つひとつにまで及ぶものもあって，学校の管理的体質を示す象徴の一つとして批判の対象になっている。

ここで問題視すべき一つは，自我が芽生え欲求がより顕著になる中学校において，校則をめぐる議論が活発化しているという事実であろう。実際に，幼稚園や小学校の段階における校則が取りざたされるケースはきわめて少ない。欧米を例にとると，子どもに対するしつけは年少の頃ほど厳しいといわれている。それに比べれば，少なくとも現状においてはわが国はその逆のパターンにある。

本来，しつけは子どもがまだ経験していない社会生活への同化を目的として行われる。したがって，言葉による説得というよりも，実際の生活を通して，必要とされる行動様式や習慣を自然に身につけていくという性格のものである。

にもかかわらず，わが国では，幼少期の家庭生活は子どもの欲求を満たすことに重点が置かれる傾向が強い。また，小学校においても自立性・自発性が強調され，子どもたちに行動様式や社会規範を身につけさせるための教育は必ずしも十分機能していない。そうした過程をたどった末の中学校で初めて校則によるしつけをしようというのは，明らかにミスマッチといえる。

したがって，中・高校生と校則の問題は，実は保護者を加え，年少期からのしつけの問題も含めた広範な議論に発展させなければ生産的ではないといえよう。

4．体罰をめぐる事情

校則と並んで，しつけの一方法として懲戒がある。これについてあらためて法令による定めを確認しておく。

学校教育法第11条には，次のように定められている。「校長及び教員は，教育上必要があると認めるときは，監督庁の定めるところにより，学生，生徒及び児童に懲戒を加えることができる。ただし，体罰を加えることはできない。」

また，懲戒について定めた学校教育法施行規則第13条には次のように示されている。「①校長及び教員が児童等に懲戒を加えるに当たっては，児童等の心身の発達に応ずる等教育上必要な配慮をしなければならない。」「②懲戒のうち，退学，停学及び訓告の処分は，校長がこれを行う。」「③前項の退学は，公立の小学校，中学校，盲学校，聾学校又は学齢生徒を除き，次の各号に該当する児童等に対して行うことができる。」

（以下略）

　これらの規定をあらためて小・中学校の問題として整理すると，懲戒はできるが退学と体罰はできない，となる。したがって，ここで現実的に問題になるのは，懲戒と体罰の範囲や規定であろう。

　懲戒とは，教育上の必要な措置として認められている。そして，法律上の懲戒と事実行為としての懲戒とに区別される。このうちの法律上の懲戒とは停学や訓告を指すが，その権限は校長だけがもっている。したがって，一般の教員が行使することが認められているのは，事実行為としての懲戒のみである。事実行為としての懲戒は，教え諭しいましめるなどの訓戒，叱りとがめるなどの叱責がある。

　法的な規定による残る問題は体罰の範囲であるが，これについては身体的・肉体的な苦痛をともなうものと解釈するのが一般的である。なぐる・けるなどの暴力的行為はもとより，長時間立たせたり教室の外に追い出したりすることも体罰にあたる。

　ところが，実際には教員が行う体罰が後を絶たない。

　その理由の一つは，教師の指導技術の未熟さにあるのではないだろうか。教育のさまざまな場面で，児童・生徒に罰を与える必要が生じることがある。しかし，その頻度はそのまま指導の不徹底を示す尺度としての意味をもっている。叱責の回数は，教師としての自分にフィードバックすべき事実として認識する必要がある。

　そして，体罰が後を絶たない最大の理由は，「指導」と「懲戒」の混同にあるのではないか。懲戒も指導の一形態とはいえ，すでに述べたようにその目的と範囲には自ずと限りがある。にもかかわらず，体罰を行使する教師には「愛の鞭」にも似た伝統的な指導観が巣くっていて，自らを正当化する根拠にしているふしがある。

　過去の歴史をたどっても，諸外国を例にとっても，教育の場には決して体罰が存在しなかったわけではない。それが教育的効果を発揮する唯一の条件は，行使する側とされる側，すなわち教師と児童・生徒の間の信頼関係が成立していることである。百歩譲って体罰を行使する教員を弁護すれば，自分の行為を支える熱意が児童・生徒に伝わるという自負があるのだろう。しかし，それは明らかに誤解である。ごくまれにそうしたケースも存在するのだろうが，たいていの場合は，肉体的苦痛がわずかに存在していた信頼をも壊す結果になると承知すべきである。

15 組織の一員としての教師

1．組織としての学校

　学校は子どもの教育を目的に，意図的・計画的に設計され作られた組織体であり，定められた諸基準や明示された役割や権限のもとに組織運営を行い，自律的な意思のもとに教育活動を展開する組織である。
　教師は，その学校において他の教職員との協働を通して自らの意思をもって継続的に教育および組織運営を担う地位や役割が与えられた組織の一員である。すなわち，現代の教師は，組織として教育および経営責任を担う学校の構成員として，その職務を担っているのである。
　ところで，その組織について，バーナードの有名な定義がある。すなわち，彼は，「特定の目標の達成に向けて意図的に調整された，複数の人々の活動システム」について，これを「公式組織」(formal organization)，あるいは「組織」(organization) と呼んでいる（バーナード，1956）。
　この定義をもとに学校の実態を見ると，時に，はたして学校は，組織としての内実を備えているといえるかという疑問がわいてくる現実と出会うこともある。すなわち，自らの理想を自らの方針と技術のもとに実現をめざす教師個人が，たまたま学校という屋根のもとに集合しているのに過ぎないのではないかということである。校長は存在していても，その指示が各教師に徹底するかといえば無視されることも決してめずらしくない。まさに，それぞれの教師が「王様」として存在している学校も必ずしも例外とはいえない。

2．教職の個業的性格と教師の気質

　学校がこのような組織の実態を生み出す要因として，一つに教職が多分に一人の教師の個人的な判断と営みによって進められる個業的な性格があり，それを職業に求める教師の気質が注目される。

教職は学校という組織を通してその職務を遂行するわけで，したがって，教師は組織の意思のもとに教育活動を担っているわけである。しかし，組織の方針のもとにといっても，それぞれの教師が各自の判断と責任において教育活動の展開を図らなければならない場面が少なくない。すなわち，学校における教育活動の営みはそれぞれの教師の創意ある行為によって支えられている側面が多分にある。

　その一方，自分の判断が尊重され自らの考えのもとに仕事を進めたいとの願望を有している教師も少なくない。もっとも，このような思いをもつことは特に教職に限られるものではなく，職業人すべてが抱く願望といえなくもない。いずれにしても，いわゆる学級王国が作られてきた歴史的な経緯を通してみると，その源泉は自ら担任する学級を理想の世界とする教師の願望にあり，教職の個業的な性格と教師の気質にあると見られる。

　昨今，学校組織論をめぐって，学校の組織の特性として「あいまいさ」ということがよくいわれる。これは，古典的な官僚制モデルでは学校組織のユニークさが説明しきれないところからきている。ちなみに，官僚制とは数多くの仕事を秩序立て目標の達成を図るために，職位階層性や権限の原則などをもとに仕組まれた組織の型を指す。このモデルをもって学校の組織に当てはめることはできないというのである。これなども，学校組織における意思決定が個人の判断に多分に影響を受けて揺らいだり曖昧になることを示すものである。すなわち，学校組織は構造的・組織的に個々の教師の裁量とされる範囲が他の組織と比較して広いことがあげられ，その意思形成のシステムに「ゆらぎ」や弛緩性が「あいまいさ」を構成しているというのである。

　このように，学校組織においては個々の教師の組織への影響力が決して無視できないものとして存在していることを指摘しておきたい。すなわち，一人の存在が組織全体を大きく変えてしまうこともある。また，一人ひとりの教師が「その気」にならないと組織は動かないし，また，変わらない側面が学校には多分にある。

　その意味において，教師それぞれの自立した個の在り方が改めて問われており，また，確立した個による相互の連携・協力が学校経営において追求されねばならないといえよう。すなわち，とかく「個」に分離しがちな学校組織において，その組織性を維持し高める観点から，教師の「個」にこだわる意識や行動について十分に理解をふまえた「協働」の求めがとりわけ重要な位置を占めるわけである。

3.「協働」としてのティーム・ティーチング

　ところで，「協働」とは，一人では達成が容易でないある目的や目標に向かって複

数の人間が相互に連携を図りながら，その達成を図る営みである。この「協働」の創出こそ学校経営の中心的な課題であり，教職員相互の関係を開かれた状態にしていくことが組織づくりの核となる。別の言葉でいうならば，それぞれの教職員が教育目標を共有し，互いの弱さを認めあい，チームで仕事をする意義を重視し，その過程と成果に満足感を得るチームワークによる教育に価値を見いだす組織を育てていくことが求められているのである。

社会の急速な変化にともなって学校に持ち込まれる課題も高度化・複雑化してきている。たとえば，学習指導や学級経営の考え方や手法についても，個に応じる観点から改善や転換が求められている。また，非行や校内暴力あるいは登校拒否などへの対応の求めは，教師に大きな負担を迫るものがある。従来ならば，学級担任が個人的に対応して処理しうる程度にとどまる問題も少なくなかったが，近頃では，学校として組織をあげて取り組まねばならない問題が増えつつある。それだけ学級担任が直面する問題も複雑になってきているということである。

このように教職を取り巻く状況が変化し，取り組まねばならない課題も質的に変化するなかで，教職員間の連携や協力，学校におけるチームワークの在り方が改めて問われているといってよい。すなわち，学校に問い掛けられている課題の処理にあたって，それぞれの教職員が専門性をもって，チームを組みながら学校を動かしていくことがテーマとして浮かび上がってきているのである。

この動きに一石を投じたのが，1993（平成5）年4月からスタートした第6次公立義務教育諸学校教職員配置改善計画であった。同計画は各学校に対してティーム・ティーチングの取り組みをうながすもので，開始以来，ティーム・ティーチングを取り入れる学校が各地で見られるようになった。

このティーム・ティーチングは授業場面において二人以上の教職員が連携・協力を通して指導の展開を図る指導方式であり，指導方法の多様化を図り，個に応じる指導の実現をめざす一つの手立てとしてとらえることができ，まさに，学習指導場面における「協働」の具体的な姿としてとらえることができる。

もっとも，ティーム・ティーチングの定着を図ることは必ずしも容易なことではないようである。学校の指導組織が柔軟に編成され多様な学習形態によるティーム・ティーチングが展開されるには，伝統的な学級担任制志向や一人の教師によって授業を担当する指導観の変革をうながしていくことが課題となっている。

したがって，ティーム・ティーチングの定着を図るには，授業において連携・協力を重視する価値観，行動規範を含み込んだ学校の組織文化の生成が大きな役割をはたすことになると指摘できよう。すなわち，授業における協力を前向きに受け止め，従

来の固定的な枠組みにとらわれない柔軟な発想を大切にする気風や，チームを組んで指導にあたる意義を認めあい重視する価値観，なぜチームを組むのかその目的や意義を活発に論議しあえる自由で開かれた学校の組織文化の醸成があってこそ，ティーム・ティーチングの組織における受容も可能になるといえよう。

4. 21世紀の教師像

　一方，1990年代には21世紀に向けたさまざまな教育改革のプランが提示されており，それらのなかには，これからの教師の在り方について注目すべき提言もある。その主なものを取り上げ，21世紀の教師像がいかに描かれているか，そのポイントを探ってみたい。

(1) 得意分野をもち組織人としてのマインドをもった教師
　　　——教育職員養成審議会が求めた教師像

　まず，教育職員養成審議会は，1997（平成9）年9月に「新たな時代に向けた教員養成の改善方策について」（第一次答申）において，①いつの時代も教員に求められる資質能力，②今後特に教員に求められる具体的資質能力，をあげ，このうち後者については次のものを例示的にあげた。

- 地球的視野に立って行動する資質能力
  - 地球，国家，人間等に関する適切な理解
  - 豊かな人間性
  - 国際社会で必要とされる基本的資質能力
- 変化の時代を生きる社会人に求められる資質能力
  - 課題解決能力等に関わるもの
  - 人間関係に関わるもの
  - 社会の変化に適応するための知識及び技能
- 教員の職務から必然的に求められる資質能力
  - 幼児・児童・生徒や教育の在り方に関する適切な理解
  - 教職に対する愛着，誇り，一体感・教科指導，生徒指導等のための知識，技能及び態度

　この答申で注目される点は，これら多様な資質能力をすべての教員が身につけるこ

とを期待しても現実的でないとして，むしろ画一的な教員像を掲げることは避け，それぞれ得意分野をもつ個性豊かで多様な教員を求めたことである。また，そのうえで，多様な資質能力を有する教師が互いに連携・協働によって組織として充実した教育活動を展開すべきであると述べている点である。すなわち，答申は，これからの教師像について，得意分野をもつことと，それを組織において生かすことのできる組織人としてのマインドを有することを求めているのである。

(2) 総合的な学習の時間が求める教師像
——学習環境を設計しコーディネートする教師

一方，2002（平成14）年度から本格実施とされた新学習指導要領に盛り込まれた総合的な学習の時間に学校関係者の関心が集まっている（一部は，移行期間に入った2000［平成12］年度からスタートしている）。この総合的な学習の時間は，子どもたちが見つけ出した課題を吟味したり，学習環境をコーディネートするアイデアや実践力をもった教師を求めている。すなわち，子どもたちが学習するにふさわしい内容や場を選び出し，そこに人とものとを結びつけ，学ぶ環境を整える総合的な力が教師に必要とされている。

たとえば，総合的な学習の時間には，地域講師の存在が大きなウエイトを占めることがある。また，公民館，博物館，図書館，美術館などの活用や，そこに所属する人々からの情報が欠かせない場合もある。さらに，諸メディアの活用を図る力や，地域の人々との人間関係づくり，授業への協力が求められることになる。

なお，この時間の実際に担う教師を支援し，指導できる人材の育成が急務の課題となっており，これらの人々には，カリキュラム・コーディネーターとしての資質・能力が問われている。これから総合的な学習の時間を実施するにあたって，それぞれの学校や地域の実情を把握し，教育課程の編成・実施に反映させていく，教育課程経営についての発想や手法をもったカリキュラム・コーディネーターの存在が欠かせなくなっているものと思われる。

いずれにしても，総合的な学習の時間の実施にあたって，地域社会の支えが必要になってくる。この地域社会に生きるさまざまな専門性を有する人々の協力を引き出し連携を図りながら学習環境を設計しコーディネートする資質能力が教師に求められることになる。

(3) 教師に求められる保護者や地域社会の人々との「協働」

一方，「協働」の創出に関わる問題は，学校のウチにおける教職員間にとどまるも

のではない。学校と地域社会との関係についても「協働」という視点からとらえることが必要になってきている。しかも，地域社会の成熟は，かつての学校と地域社会との関係を超えた新しい在り方を求めており，学校の教職員と地域社会の人々との「協働」が問われている。

　この点に関連して，生涯学習審議会の答申「地域における生涯学習機会の充実方策について」(1996 [平成8] 年4月24日) は，「地域社会から様々な支援を得ることによって，学校の教育機能をより一層効果的に発揮することができると考えられる」と述べ，学校が地域社会の教育力の活用に心掛けるよう求めていた。

　共に学ぶ場としての学校，学びの共同体としての学校をいかに作るかが問われている。学校を子どもや教師はもとより地域社会の人々をも巻き込んで共に学ぶ場を創り出すことが課題となっている。学びが人々の関係を広げ，その関係が新たなる課題を創造する。さらに，その課題への取り組みがより人々のコミュニケーションを広げ深める。このような学ぶ場や関係を創り出すにあたって，教師の存在は重要である。いかに地域社会の人々とコミュニケーションを図っていくか，ここにもこれからの教師に求められる資質能力がある。

(4) 子どもと協働する教師

　なお，「協働」という視点から子どもと教師の関係をとらえることも，21世紀の教師像を探求するに当たって大切である。伝統的に教師と子どもの関係は，「指導する－指導される」「教育する－教育される」関係としてとらえられてきた。

　しかし，その一方において，「共に」という関係もこれからの両者の関係を探るに当たって重視する必要がある。すなわち，子どもと教師が共に目標の達成をめざして，活動に取り組むとか，その取り組みを通して，互いの関係を形成していくということが追求されなければならない。まさに，「協働」という視点から子どもと教師の関係を探ることが探求すべき課題としてあげられるのである。

16 子どもを委ねられるということ

1.「家」のほうから「学校」を見る①

　教育相談という仕事に長年携わっていると，さまざまな悩みや問題をかかえて来談する人への理解や援助の力は高まっていくが，同時に，来談者の気持ちへの奇妙な鈍感さも生まれてくる。たとえば，自分の子どもが突然「学校に行きたくない」と言い出し，何度説得しても叱っても頑として動かず，そのうちに，登校をうながす親に激しい怒りを向け，暴力的行動まで現し始めるという事態に直面した親が来談した場合を考えてみよう。

　親の心のなかには，驚愕，悲嘆，混乱等の，激しい感情の渦が巻き起こっているであろう。「まさかわが子が不登校になるなんて！」という驚き，暴力を振るう子どもの目の不気味さへの恐怖，気が狂ってしまったのではないかという不安。胸を突き刺すような，親への罵倒の言葉。育て方が間違っていたのだろうかという自責。近隣の人たちの眼差しへの怯え。親戚や学校の先生に相談してもラチがあかず，「教育相談室に相談に行ってみたら」と言われたときの衝撃。そんなところに行かざるをえなくなったことの屈辱感。相談を申し込むまでの逡巡(しゅんじゅん)。相談室の玄関に入るときの恐怖。初めて相談員の顔を見るときの不安。相談の部屋に入ったときの身の置きどころのなさ。「育て方が悪いと叱られるのではないか」というおそれ……。

　親が抱くこのような気持ちが，そのままの重さで，相談員の視野のなかにしっかりと入っているかといえば，必ずしもそうではない。子どもの不登校も，相談室の扉をたたくということも，親にとっては「初めての」「信じられない」「大変なできごと」であるが，相談員にとっては，そのどれもが「毎日経験する」「日常的なできごと」だからである。このような「慣れ」による相談員の落ち着きは，親の混乱を鎮めることもあるが，両者の世界は気が遠くなるほど隔たっている。

　このような事象は，人に関わる営みを「職業」として行っている場合にしばしば起こる。たとえば，重傷の子ども，重病の子どもを病院に運び込む親の混乱は容易に想像できるが，このような家族の心配や混乱は医師や看護婦の視野のなかには入ってい

ないことがしばしばある。病人の死は，家族にとっては，とりかえしのつかない悲しいできごとであるが，それさえも，病院のスタッフにとっては日常的なことがらである。

　学校という職場でも，同じようなことが起こる。たとえば，6歳になった子どもが小学校に入学することは，子どもにとっても，親にとっても，計り知れないほど重大なできごとである。子どもは，新しい世界に踏み込むことへの興奮を感じると同時に，未知の世界に大きな不安を感じている。親は，子どもがちゃんとやっていけるだろうか，優しい先生だろうかと，毎日毎日，帰宅した子どもの表情をうかがいながら，ハラハラして見守っている。この親子の不安を，そのままの重さで教師が感じ取っているかといえば，それはなかなか難しい。親にとっては，かけがえのない大切な子どもとその入学であっても，教師にとっては，子どもは数十人のうちの一人であり，しかも，新入生の入学は毎年繰り返される日常的なできごとだからである。

　ある研究会で，小学生の不登校（小学2年生，男児）の事例が提出されたことがある。2～3カ月の休みの後，やっと子どもが学校に足を向け始める。ところが，彼は，母親と一緒に学校に向かう道に足を踏み出すのだが，途中で，コンビニを見つけるとそこでアメを買ってなめ，パン屋があるとパンを買って食べ，路上に自動販売機があるとジュースを買って飲むという行動を繰り返し，学校に到着するまで毎日1時間余を費やしていた。この行動をどのようにとらえ，どのように対処したらよいかを考えるのが，その日の研究会のテーマであったが，さまざまな議論を重ねるうちに，この子のこの行動は，燃費の悪い自動車が頻繁にガソリンの補給をしながら喘ぎつつ急坂をのぼって目的地に向かう様に似ているという考えが支配的となった。アメやパンやジュースは，学校に向かう力と勇気を彼に与えるエネルギー源に見えたのであろう。

　そのとき，この事例を提供した小学校の女性教師が，深いため息をつきながら，次のように語った。「私は今まで学校のなかからばかり子どもの登校を見てきた。家庭のほうから学校に向かうアングルから子どもの登校を見たり考えたりすることがなかった。そのアングルから見ると，この子が学校に来ることは，こんなに大変なことだったのか……」と。

　この子の「買い食い」と「寄り道」と「おねだり」と「わがまま」をどのようにやめさせたらよいのかに腐心していた教師にとっては，まるで逆の構図が見えてきてしまったことになる。上に述べた教育相談員の場合も，医師や看護婦の場合も，相談室や病院のなかからではなく，そこを訪れる人のアングルからものごとを見ることができにくくなることの一例といえる。

2.「家」のほうから「学校」を見る②

　子どもを学校に送り出すことに関して親が抱くさまざまな思いを，先天性四肢切断（生まれつき手と足がない）という障害をもって生まれた乙武洋匡の自叙伝（乙武，1998）から考えてみよう。

　出産直後の「母子対面」時に母親が受ける「ショック」と「驚き」と「悲しみ」を案じて対面を1か月後にのばした周囲の心配をよそに，子どもにやっと出会えた「喜び」を「かわいい」という言葉で表した母親。近所の人に彼を知ってもらおうと，いつも彼を連れて外出した両親。……子どもの個性を尊重する幼稚園。一定のルールのなかで個人個人が好きなことをして過ごし，全員そろって「次は何をしましょう」ということがない。「全員が同じことをするなかでは，どうしてもできないことがでてきてしまう」彼には「ピッタリ」の場。そのなかで，「ないはずの『手足』」が彼と友だちをつなぎ，友だちの輪の中心に位置し，ガキ大将になっていく彼……。

　さまざまな困難を乗り越えて入学した公立小学校。1年生から4年生になるまで担任となった「おじいちゃん先生」。手も足もなく，電動車椅子に乗る彼のまわりにもの珍しげに集まり，何でも手助けしてあげようとする子どもたち。そのままでは「待っていれば，誰かがしてくれる」という甘えた気持ちが彼のなかに育ってしまうことを心配して，「自分でできることは自分でさせよう」と子どもたちに伝える担任。電動車椅子に乗って，いつの間にか「王様」のようになってしまう彼。「障害者＝特別視」という構図を壊し，成長期に必要な筋力を鍛えることが大切と考えて，周囲の反対を押し切り，車椅子を使わず，自力で移動することを彼に求める担任。特別の気遣いが日ごとに薄れて，彼が「クラスの一員」となっていく過程。野球でも，サッカーでも，ドッジボールでも，特別のルールを工夫して，ともに遊ぶ子どもたち。それを「あたりまえ」と考える彼ら。体育の時間の鉄棒でも，縄跳びでも，マラソンでも，あるいは山登りの遠足でも，特別なやり方を工夫してやりとげようとする彼と担任。

　この「おじいちゃん先生」が「特別扱いはせずに，できる限りのことはみんなと同じように」という考え方だったのに対し，「みんなと同じようにすることができなければ，その他のことで補えばいい」と考える，5年生からの担任の若い男性教師。高学年になるにつれて，まわりの友だちが身体的に著しく成長していくので，「みんなと同じ」にできることが少なくなってくることに配慮したものらしい。同時に，「これからの学校生活の中で，彼がクラスの友達の手を借りなければならないことは山ほど出てくるだろう。『人にやってもらう』という行為を繰り返さなければならない彼

は，そのことで自分自身を不甲斐なく思い，気持ちが小さくなってしまうことはないか。彼には『彼にしかできないこと』があっていいはずだ。周囲に対して引けめを感じてしまいそうになった時，胸を張って『でも，ボクはみんなのために，これをやってるぞ』と言えるような何かを作ってやりたい」「『できること』と『できないこと』をしっかり区別しなければならない」という思いも込めて踏み切ったものらしい。彼はワープロを渡され，先生の書きなぐった原稿をもとに，クラスの掲示物，授業で使うプリント，遠足のしおりなどを美しく仕上げていくことに夢中になっていく……。そして，その後の，運動会での「徒競走」への出場，そのための「朝練」，それに付き合ってくれた「親友」との交流，25mの「水泳記録会」への参加……。

　この著作のなかには，親の心配はほとんど記述されていないが，しかし，手と足がない障害を抱えたわが子を，公立小学校の普通学級のなかに送り出すことには，親の側に，言葉には出さなくとも，想像を絶する不安と心配があったろう。学校になじんでいけるだろうか，先生や友だちは彼をどのように受け入れてくれるだろうか，授業や行事にどのようについていけるのだろうか，迷惑をかけて彼らのいらだちを募らせてしまわないだろうか……。

　同時に，小学校という場に送り出された彼を，教師たちが，「この子はいつかひとりで生きていかねばならない。その将来を考え，今，何をしてやることが本当に必要なのか」を必死に考えながら，授業と行事を組み立て，級友との間をつなぎ，学級を作っていき，家庭では絶対に与えられることのない豊かな広い世界に彼をいざなっていく姿を読み取ることができる。もちろん，その背後に，そのような教師たちに信頼を寄せ，彼らにわが子を委ねることのできた親の姿を垣間見ることができるのだが。

　このような重度の障害をもつ子どもの場合には，①親がさまざまな不安と期待を抱きつつ，わが子を学校に送り出すこと，②教師が子どもを引き受け，教育の専門家としての独自の判断から，子どもの成長をうながす働きかけを行うこと，そして，③そのような教師の働きかけに親が信頼を寄せ，両者の間に生まれた信頼関係をもとに親が子どもを委ねられるという文脈のなかで，学校教育が行われるという構造がはっきりと見えてくる。視野を少し広げて見れば，社会が子どもたちの教育を学校と教師に委ねているのでもある。

　このような構造は，子どもに障害があってもなくても，変わりはない。親は，わが子がかけがえのない存在であるがゆえに，かけがえのない存在として学校や教師も受け取ってくれることを願っているのであるから。

3．親との連携──「委ねられる」から「協同」へ

　しかし，学校と教師に子どもを委ねることのできる親と，親の期待に応えて「安心して委ねられるような」実践のできる教師というこのような出会いは，現代ではなかなか成立しがたい。親はしばしば学校や教師に不信感を，つまり「子どもを委ねられない」思いを抱き，一方，教師はクレームをつけてくる親にいらだちを募らせ，「子どもを委ねてもらえない」ことに傷ついている。

　親と教師の関係のこのような変化の背後には深い多様な要因が潜んでいるが，最も重要な要因の一つは，社会の近代化を支える重要な担い手として，かつての学校が与えられていた「栄光」が，近代化の完成あるいは終焉にともなって失われ，学校や教師の社会的地位が大きく変化（低下）したことであろう。「先生」が社会的に無条件に尊敬され絶対化されていた時代（親が文句なく子どもを学校と教師に「委ねて」いた時代）は終わり，学校や教師は，一つひとつの教育実践の「質」，一人ひとりの子どもに対する働きかけの「質」を通して，親の支持や尊敬や信頼を獲ち取っていかなければならない時代になった。「文句」をつけてくる親に学校や教師がしばしば示すいらだちや不快感は，過去の学校がもっていた「権威」意識の残滓ともいえる。

　たとえば，公立小学校教師の中野（2000）は，「個」の尊重という新しい教育のテーマを探究するなかで，「個」を「尊重」するためには，一人ひとりの「子ども」の保護者と連絡を密にする必要があると考え，家庭と学校をつなぐ架け橋としての「学級通信」の実践を提起する。一人ひとりの子どもを一番大切に考えているのは「もちろんその保護者」であり，「保護者の協力なくしては，学校という集団の中での『個の尊重』もありえない」と考えるからである。学級通信では，「今クラスではどんな授業をしているのか」を丁寧に親に伝え，子どもたちの作文をかたよりなく紹介して子どもたち一人ひとりの思いを親に伝え，さらにそれに対する親の意見を積極的に求めて，教師と親の双方向の意見交換を実現しようとする。「『学校』と『家庭』で協力して大切なお子さんを『教育』していきましょう」という，毎年最初の保護者会や家庭訪問などで彼が保護者に伝えるメッセージは，親との「協同」，親との「対話」の上に教育を成立させようとする，新しい学校教育のあり方の提起であろう。わが国の学校（教師）と親の関係は，学校の無条件の絶対的権威から，学校に対する一方的な非難へと大きく揺れ，さらにその後に，学校（教師）と親の「協同」と「対話」という関係に移行しつつあるのであろう。

　この意味では，現在の学校は，「学校は，わが子をどれだけ大切に受け取ってくれ

るだろうか？」という親の（不安な）眼差しと，「学校は，わが子を<u>どのような人間に育てていこうとしているのだろうか？</u>」という親の（疑いの）眼差しにさらされている。

　この観点からみれば，前述の乙武の意味深い学校生活は，学校のなかでの彼の様子から，親が「学校はわが子を大切に受けとってくれている」と感じることができるとともに，教師のさまざまな働きかけの「意図」を親が納得し，そのような働きかけの結果もたらされる彼の成長を親も「成長」と考えるという「合意」の上に成り立っていたと考えることができるのである。

17 教師の成長

1. 教師の成長とは

　教師として生きるということは，さまざまな困難に出会い，それを乗り越え，自分自身と教育活動の変容を図っていく連続的な過程である。絶え間のない危機と成長の過程といえる。
　このような教師の成長に関する研究は，以下の3つに大別される。

①授業の仕方やとらえ方，子どものとらえ方などの一定の観点から，ベテランの教師の行動と新人の教師のそれを比較し，経験年数にともなう成長や力量形成の一般的方向を明らかにしようとするもの。
②一人ひとりの教師の成長の過程（志望動機，危機，その克服，克服を支えたもの，その後の変容等）に関する情報を，多数の被験者に関して包括的に収集し，そこに見いだされる一般的傾向を明らかにしようとするもの。
③教師の成長過程を，一般化不可能な，独自で多様で個別的なものと考え，その個別性を重視して，一人ひとりの教師の独自の成長過程をそのままに事例研究として提示するもの。

　ここでは，上記の②の研究の代表として，最も多くの教師を対象とし，最も包括的な情報を収集していると思われる東京都立教育研究所の研究（教師の問題意識研究プロジェクト，1992）を取り上げ，教職経験20年前後の公立学校（幼稚園，小学校，中学校，高等学校，盲・ろう・養護学校）の教員615名を対象にした質問紙調査と，25名の教員に対する面接調査の結果から，教師の成長とは何かを考える手がかりになるものを抜粋してみよう。

2. 教職生活における危機的体験

　教師自身は、まず、どのようなことで悩み、どのようなことで壁にぶつかり、教師としての危機を体験するのだろうか？　この調査は、「教職生活における危機的体験」の多くが、①授業、②生活指導、③学級経営、④子どもの心の把握の4つの領域で生ずることを明らかにする。「授業」とは、たとえば「ひととおりのことができるようなった5年目ころスランプに陥りました。教材を工夫しても個別指導を徹底しても、理解の遅い児童や定着の不充分な児童をなくすことができないのです。懸命にやればやるほど、児童との距離がへだたっていくようで悩みました。自分は教師に向いていないのではないか、教師をやめてしまおうかと思ったことがありました」（小学校、男性）という悩み。「生活指導」とは、喫煙や授業抜け出しや暴行等の行動を現す「指導の難しい生徒」との間で、繰り返し指導して「わかってくれた」と思ってもすぐに崩れてしまうという経験のなかで味わう無力感や絶望感。「学級経営」とは、たとえば、「教職9年目のことでした。『仕事のできる存在として注目されている自分』を感じていたころのことです。5年生を担任することになりました。……（自分の思うままに振る舞う）ボス的存在の男子とそのグループ。そして、その子らとのやりとりを、『私たちは関係ない』といった態度で見ていた女子児童。やることなすことに対して『先生のやり方は分らない。つまらない。前の先生とはちがう』と挑みかかってくる子どもたちでした。このころは、自分にいきづまり、教師としての自分の力に疑いを持ちました。学級から逃げたいと思う毎日でした」（小学校、女性）という悩み。そして「子どもの心の把握」とは、子どもたちの気持ちがわからない、理解できないという悩みである。

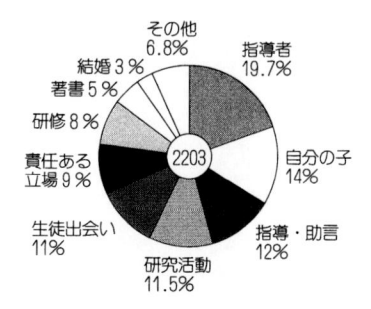

●図17.1　「自己形成の契機」項目別順位グラフ
（東京都, 1992）

その他 6.8%
結婚 3%
著書 5%
研修 8%
責任ある立場 9%
生徒出会い 11%
研究活動 11.5%
指導・助言 12%
自分の子 14%
指導者 19.7%
2203

3. 教師としての自己形成の契機

　このような危機を経験し、このような課題を抱えた教師たちは、それをどのように乗り越え、どのようなことを契機に自分が変化（成長）したと感じているのだろうか？　上述の「危機」と直接対応するものではないが、「教師としての自己形成の契機」となったことに関する調査結果を見て

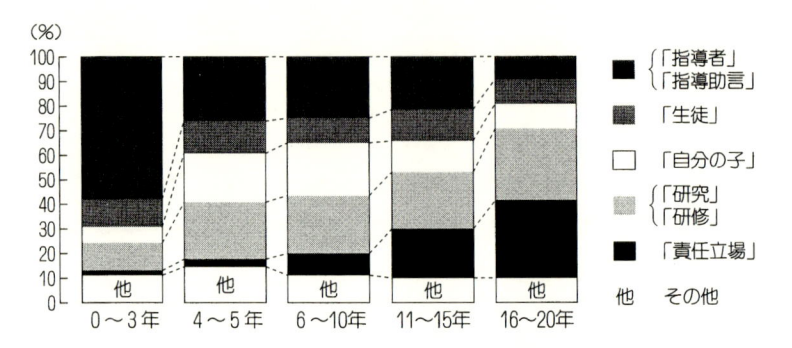

● 図17.2 「自己形成の契機」年数推移（成長契機別）（東京都，1992）

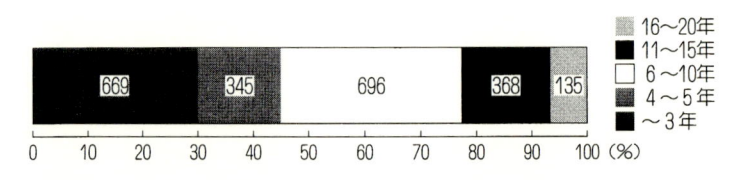

● 図17.3 「自己形成の契機」年数別件数（総数2,203件）（東京都，1992）

みよう。

　図17.1はこの結果を整理したものである。「優れた指導者との出会いや指導助言」「研究活動や研修」「自分の子どもを持つこと」「ある生徒に出会うこと」，そして「責任ある立場につくこと」等が，成長の重要な契機であることがわかる。「自分の子どもを持つこと」は，自分自身が親となり子どもを育てる経験を積むことで，一人ひとりの子どもの「命の尊さ」を実感し，子どもの背後にいる親の思いに気がつくことを，「ある生徒に出会うこと」は，指導の困難な子どもとの出会いのなかで教師として貴重な体験を与えられることを，「責任ある立場につくこと」は，主任等の地位につくことで学校全体を視野のなかに入れて考えるという新しい経験を，それぞれ表している。図17.2は，それを教職経験年数別に整理し直したものである。経験年数が増えるにつれて「指導者・指導助言」が減少し，逆に，「研究・研修」や「責任立場」が次第に増大し，「自分の子」が経験年数4～10年の間に増大し，「生徒」（ある生徒に出会うこと）が経験年数に関わりなく一定の契機としての意味を持ち続けるということがわかる。図17.3は，このような重要な成長経験をいつ経験したかを示したものである。教職年数10年の間に80％近くの教員が自己形成の契機となった重要な経験をしていることがわかる。教職についた初期の経験，あるいは初任校での経験が，教師の成長に大きな影響を与えるということは，さまざまな教師研究が一貫して示す結果でも

ある。

4. 自分を支えてきた教育実践

(1)教師 - 子ども関係における危機と成長

それでは，教師たちは自分の教職生活のなかのどのような経験を自分の成長ととらえているのだろうか？　これを理解する手がかりを，「教師としての自分を支えてきた，また教師としての成長の糧となった教育実践は何か」を問う質問への回答から探ってみよう。表17.1は，この結果を示したものである。最も多いのが，問題行動のある児童・生徒との対応や登校拒否児童・生徒に対する指導等を含めた「生活指導に関する実践」である。次に多いのは，各教科の学習指導，具体的な授業の工夫，教材開発等の「教科指導に関する実践」であり，それに「学級経営に関する実践」が続く。

①生活指導に関する実践　ある教師（中学校，女性）の例をあげよう。彼女は，授業妨害，暴力，器物破損等の校内暴力が荒れ狂う中学校のなかで，さまざまな挫折感と無力感にさらされながら，生徒が人間として許せない言動をとったときは生徒と正面から対峙する姿勢を崩さなかった。教師が，あるとき，ある生徒が「あの先生は間違ったことを言わないので反抗できない」「あの先生は正しいことを言うので逆らえない」と言ったということを人づてに聞いて，彼女は「生徒に対して，いけないことはいけないことという姿勢をとり続けること，嘘をつかないこと」の重要性を学び，「（この言葉によって）教師生活に大きな影響を与えられた」という経験を得ることができた。

②教科指導に関する実践　幼稚園に勤めるある女性は，小規模の5歳児の学級の担任となったが，4歳児までの担任との保育方針との相違から，子どもたちが落ち着かず戸惑っていた。運動的な遊びやサッカー等で，幼児どうしの好ましい人間関係を作ろうと試みるが，「十分に楽しめるだけの人数がそろっていない」「先行経験が不足」等の理由でうまくいかずに失敗を繰り返した。しかし，最後に，1

● 表17.1　自己を支えた教育実践（東京都，1992）

	項目	計615人	男301人	女314人
1	学級経営	112件	54件	58件
2	教科指導	129	81	48
3	道徳，クラブ，部活	31	21	10
4	学校行事	53	28	25
5	生活指導	160	89	71
6	進路指導	16	13	3
7	校務分掌	23	13	10
8	研究・研修	64	37	27
9	その他	97	48	49
10	無答	131	55	76

チーム2人いれば充分に楽しめ，ルールが簡単なタッチ・ラグビーの遊びによっていきいきとした動きと集団を形成することができ，それを通して彼女は，子どもの発達や，子どもが抱えている条件を深く意識しながら「子どもと共に教材を考え，保育を創り出すことの大切さを知ることができた」という経験を得ることができた。

③学級経営に関する実践　ある教師（小学校，男性）は，5年生までは，机や椅子を倒したり投げたりする，落ち着いて授業ができなかった学級に，6年生から担任となった。「子どもたちと行動する時間を長くする」「休み時間はできるかぎり一緒に遊ぶ」ことを心がけ，「先生は公平じゃない」と訴える子どもたちに，同じ比重で接するように努め，同時に，男子も女子も共通に興味をもって取り組む家庭科の調理や体育，休み時間を工夫し，子どもたちのあり余る活力を発散させる等の試みを行った。彼はこの実践を通して，「活力あふれる子どもたちのエネルギーを発散させる場を設定すること，一人一人に公平に接すること，教師も出来るかぎり子どもと共に過ごすことが学級経営の基本であることを学んだ」という経験を得ることができた。

いずれも，教師の思い通りには動かない子どもたちと格闘しながら，子どもたちの気持ち，子どもたちの求めているもの，子どもたちの発達等を丁寧に見直して，子どもたちの心に響く働きかけ方を見いだしえたという，教師の「発見」と喜びと，子どもたちとの間に生まれた「交流」の喜びを表しているといえるだろう。

⑵　教員組織内での危機と成長

これまでは，主に子どもとの関係における教師の危機と成長について述べてきたが，教師自身が感じる「成長」のなかには，責任ある立場に立って，初めて学校全体の教員組織を視野のなかに入れ，いきいきとした教師集団，協同的な教師集団を作ることに腐心した経験があげられる場合も多い。たとえば，教職7年目の教師が研究主任となり，学校全体の研究を進めようとするが，研究を「やらされる」雰囲気に，教員集団の「やりたい」という意欲が抑え込まれている事態に直面し，失敗するたびに原点に戻って，最後は「今，自分の学級，学年，学校で困っていることは何か」という率直なアンケートをとり，その結果を教員集団に示して「何の研究をすべきか」を考えてもらう等の試みを経て，初めて共通の研究主題を見いだすという過程から，「共

●表17.2　教師としてなりたい自己像
（東京都，1992）

順位	回答項目	回答数
1	人間的な魅力	269
2	広い視野	220
3	子供を見つめる	183
4	子供から信頼される	153
5	授業（保育）の指導力	134
6	情熱を持ち続ける	123
7	新鮮な感覚	119
8	子供との触れ合い	109
9	生き方への影響力	103
10	専門分野に自信	91

通理解をするということは，こちらの言い分を丁寧に説明し納得してもらう方法よりも，共に考え，共になすことを通してできることが分った」という経験（小学校，男性）が，この種の成長経験の内容をよく伝えている。

　最後に，これらの教師たちが「将来，教師としてなりたい自己像」を問われてあげた特性を表17.2にあげておこう。教師たち自身が，さまざまな体験にもとづいて作りあげた成長目標を感じ取ることができる。

4部
教師をめざす人のために

18　教師になるためのガイド
19　教職の近接領域
20　教師をめざす

18 教師になるためのガイド

1. どんな免許状があるか

(1) 免許状の種類

　教員の免許状には，普通免許状，特別免許状，臨時免許状がある。普通免許状は，学校（中等教育学校を除く）の種類ごとの教諭の免許状および養護教諭の免許状とし，それぞれ専修免許状，1種免許状，2種免許状に区分される（たとえば小学校1種免許状など）。ただし，高等学校教諭の免許状については，専修免許状および1種免許状とされる。特別免許状は，学校（中等教育学校および幼稚園を除く）の種類ごとに，特定の教科または事項について授与される（たとえば中学校国語など）。臨時免許状は，助教諭および養護助教諭の免許状で，普通免許状を有する者を採用することができない場合に限り授与される。なお，専門的知識・技能を有する者を学校教育に活用するための免許状を要しない非常勤講師制度もある。以下，普通免許状について詳しく説明する。

(2) 学校種との関係

　教員の免許状は，小学校教諭免許状，中学校教諭免許状，高等学校教諭免許状，幼稚園教諭免許状，盲学校・聾学校または養護学校教諭免許状および養護教諭免許状に分けられる。ただし，中学校と高等学校の教諭免許状は教科ごとの免許である。中学校ではその教科は，国語，社会，数学，理科，音楽，美術，保健体育，保健，技術，家庭，職業，職業指導，職業実習，外国語（英語，ドイツ語，フランス語その他），宗教である。また，高等学校では上記の教科の他，たとえば地理歴史，公民（高等学校では「社会」はない），工芸，書道，農業，工業，商業，水産，情報などがある。なお，中・高一貫教育のための中等教育学校の教員は，中学校教諭免許状および高等学校教諭免許状を有する者でなければならない。

(3) 基礎資格との関係

　専修免許状は，修士の学位を有すること（通常は，大学院修士課程あるいは博士前期課程修了）を基礎資格とする。1種免許状は，学士の学位を有すること（通常は，4年制大学卒業）を基礎資格とする。そして，2種免許状は，準学士の学位を有すること（通常は，短期大学卒業）を基礎資格とする。なお，盲学校・聾学校または養護学校教諭免許状については，上記のそれぞれの学位とともに，小学校，中学校，高等学校または幼稚園の教諭の普通免許状を有することが基礎資格となっている。

2. 教員免許状の取得の仕方

(1) 教育委員会における申請および授与

　免許状は，都道府県の教育委員会が授与する。しかし，普通免許状は，どの県の教育委員会で申請・取得しても，すべての都道府県で効力を有するものとされる。

(2) 授与のための要件

　教育職員免許法では，普通免許状は，基礎資格を有し，かつ，所定の単位を修得した者または教育職員検定に合格した者に授与すると定める。
　このほか，介護等の体験が必要である。すなわち，1997（平成9）年制定のいわゆる介護体験の特例法により，1998（平成10）年度の大学等の入学者から，小学校または中学校の教諭の普通免許状を取得しようとする者に盲・聾・養護学校または社会福祉施設等での介護等の体験が義務づけられ，免許状の申請に際しては，その体験を証明する書類の添付が必要となった。

(3) 教員免許に必要な単位と大学の課程認定

　各種の免許状を授与されるために必要な授業科目および単位は，どの大学のものでも使えるというわけではない。大学において履修し，修得した単位を教員免許状の取得に使えるようにするために，各大学は文部大臣に対する「課程認定」の手続をしなければならない。このことは，通常は「本学では……免許状の取得ができます」というかたちで，各大学の「案内」で明示しているはずである。なお，大学のなかには教員養成を目的とする教員養成大学・学部とそれ以外の大学・学部とがある。前者においては，大学の卒業要件のなかに免許状の取得に必要な単位を組み込んであるため，卒業により自動的に教員免許状に必要な単位を取得できるようになっている。これに対して，後者では，各自が意識して免許状の取得に必要な単位をそろえなければなら

ない。ただし，近時では，前者のなかに免許状の取得を要件としない課程も設置されている（「新課程」とか「ゼロ免課程」などと呼ばれる）。

(4) 複数免許の取得

　免許状取得のための要件をみたせば，免許状を複数取得できる。特に，後述するように中学校教諭免許状の取得のための要件と高等学校教諭のそれとが事実上共通している科目では，複数の免許状を同時に取得することができる（申請は別々に行う）。もちろん，これ以外でも，それぞれの要件をみたせば，やはり複数の免許状を取得できる。

3. どんな授業を受けるのか──履修すべき授業科目の概要

　免許状を取得するために必要とされる科目は，基本的には「教職に関する科目」と「教科に関する科目」とに分けられるが，さらに免許の種類によって，「特殊教育に関する科目」あるいは「養護に関する科目」もある。また，この他，文部省令で定める科目がある。なお，実際に開講される具体的な授業科目の名称は，各大学によってさまざまに異なっている。

(1) 期待される教師像

　1997（平成9）年7月の教育職員養成審議会の第一次答申では，「教員に求められる資質能力」について以下のように述べている。一つは，いつの時代にも教員に求められる資質能力である。これは，一般に，専門的職業である「教職」に対する愛着，誇り，一体感に支えられた知識，技能等の総体といったものを指すとされる。もう一つは，今後特に教員に求められる具体的資質能力である。変化の激しい今日では，教員には子どもたちに「生きる力」を育む教育をすることが期待される。そのような観点からすると，たとえば，地球的視野に立って行動するための資質能力，変化の時代を生きる社会人に求められる資質能力，教員の職務から必然的に求められる資質能力などが求められる。さらに一つは，得意分野をもつ個性豊かな教員であることである。これは，学校では多様な資質能力をもつ個性豊かな教員たちが連携・協働することによって組織全体として充実した教育活動を展開することが望ましいからである。1998（平成10）年に改正された教育職員免許法は，これらの理念の実現をめざして，修得すべき授業科目および単位を定めている。

⑵ 文部省令で定める科目

これは，教育職員免許法の定めにもとづく文部省令（教育職員免許法施行規則66条の5）によって，⑶以下で述べるような免許基準とは別枠のものとして設けられた必修科目である。この科目は，すべての免許状に共通するものであり，具体的には，「日本国憲法」「体育」「外国語コミュニケーション」「情報機器の操作」それぞれ2単位である。

⑶ 教職科目

小学校・中学校・高等学校・幼稚園教諭の免許状の取得のためには，以下のような内容の「教職に関する科目」を修得する必要がある。修得すべき単位数は，たとえば小学校教諭1種免許状では全体として41単位である。同様に，中学校教諭1種では31単位，高等学校教諭1種では23単位，そして，幼稚園教諭1種では35単位である。

①教職の意義等に関する科目 これは，教職科目の内容を定めた教育職員免許法施行規則（6条）の表のなかの第2欄「教職の意義等に関する科目」に対応する。そのなかの必要な事項としては，教職の意義および教員の役割，教員の職務内容，進路選択に資する各種の機会の提供があげられている。

②教育の基礎理論に関する科目 これは，第3欄「教育の基礎理論に関する科目」に対応する。そのなかの必要事項として，教育の理念並びに教育に関する歴史および思想，幼児・児童および生徒の心身の発達および学習の過程，教育に関する社会的・制度的または経営的事項があげられている。

③教育内容に関わる科目 これは，第4欄のうちの「教育課程および指導法に関する科目」のなかの必要事項である教育課程の意義および編成の方法，各教科の指導法，道徳の指導法，特別活動の指導法，教育の方法技術に対応するものである（ただし，幼稚園教諭では，各教科・道徳・特別活動の指導法に代えて，保育内容の指導法があてられている）。

④生徒指導・教育相談・進路指導に関わる科目 これは，第4欄のうちの「生徒指導，教育相談および進路指導等に関する科目」のなかの必要事項である生徒指導の理論および方法，教育相談（カウンセリングに関する基礎的な知識を含む）の理論および方法，進路相談の理論および方法に対応するものである。

⑤総合演習 第5欄「総合演習」の内容としては，人類に共通する課題またはわが国における課題に関する分析・検討，およびそれについての教育方法・技術を含むものとされている。

⑥教育実習 第6欄「教育実習」の単位数のなかには，教育実習にかかる事前および

事後の指導の1単位が含まれる。事前・事後指導では，学校での教育だけでなく，専修学校，社会教育に関する施設，社会福祉施設，児童自立支援施設およびボランティア団体における教育実習に準ずる経験を含むことができる。教育実習は，授与を受けようとする免許状にかかる学校および隣接する学校での教育を中心とするものとされる。

(4) 教科に関する科目

❶中学校・高等学校の免許状における教科に関する科目　中学校の免許は各免許教科ごとに必要とされる科目および単位数が指定されている。たとえば中学校「国語」の1種免許状では，「教科に関する科目」として「国語学」「国文学」「漢文学」「書道」が定められ，それぞれ1単位以上計20単位を修得すべきものとされている（なお，この他に「教科又は教職に関する科目」8単位の修得が必要とされる。これについては，教科または教職いずれの単位で充足してもよい）。

高等学校の場合についても，同様に，それぞれの免許教科に対応して教科に関する科目が定められ，1種免許状については計20単位を修得すべきものとされている（この他，「教科又は教職に関する科目」16単位の修得が必要とされる）。

なお，中学校の免許教科と高等学校のそれとの関係については，①免許教科の名称が同一で，必要とされる科目および単位数が共通である（数学，理科，音楽，保健体育，英語）場合と，②免許教科の名称は同一であるが，必要とされる科目および単位数は異なっている（国語，美術，家庭）場合と，③免許教科の名称が異なり，必要とされる科目および単位数も異なる（書道，地理歴史，公民，工芸，工業）場合，との3つに分けられる。

❷小学校の免許状における教科に関する科目　小学校教諭の1種免許状に必要な教科に関する科目の単位数は，8単位である。ここでは，国語（書写を含む），社会，算数，理科，生活，音楽，図画工作，家庭，体育のなかから1科目以上について修得すべきものとされる（この他，「教科又は教職に関する科目」10単位の修得が必要とされる）。

❸幼稚園の免許状における教科等に関する科目　幼稚園教諭の1種免許状に必要な教科に関する科目の単位数は，6単位である。ここでは，小学校教諭の科目である国語，算数，生活，音楽，図画工作，体育のなかから1科目以上について修得すべきものとされる。ただし，幼稚園教諭については，これらの内容をあわせた科目その他これらに準ずる内容の科目（たとえば「表現」など）をあてることもできる（この他，「教科又は教職に関する科目」10単位の修得が必要とされる）。

⑤ 盲学校・聾学校または養護学校教諭免許状

　盲学校・聾学校または養護学校教諭免許状に必要な単位は，基礎資格のために必要な単位と，特殊教育に関する科目との２つに分けられる。

①基礎資格　すでに述べたように，盲学校・聾学校または養護学校教諭免許状では，学位の他，小学校，中学校，高等学校または幼稚園の教諭の普通免許状を有することも基礎資格となっている。

②特殊教育に関する科目　「特殊教育に関する科目」については，たとえば１種免許状については全体として23単位の修得が必要である。その科目の内容は，教育の基礎理論に関する科目，心身に障害のある幼児・児童または生徒の心理・生理および病理に関する科目，心身に障害のある幼児・児童または生徒の教育課程および指導法に関する科目，心身に障害のある幼児・児童または生徒についての教育実習である。

⑥ 養護教諭免許状

　養護教諭免許状の取得のためには，「教職に関する科目」および「養護に関する科目」について所定の単位の修得が必要である。

①教職に関する科目　教職に関する科目の内容は，すでに述べたものとほぼ同様であり（実習は「養護実習」と呼ばれる），たとえば１種免許状では全体として21単位の修得が必要である。

②養護に関する科目　「養護に関する科目」は，たとえば１種免許状については全体として28単位の修得が必要である（この他，「養護又は教職に関する科目」を７単位修得する必要がある）。その科目の内容は，衛生学および公衆衛生学，学校保健，養護概説，健康相談活動の理論および方法，栄養学，解剖学および生理学，微生物学・免疫学・薬理概論，精神保健，看護学である。

4. 介護等体験

(1) 介護等体験の意義

①立法趣旨　教員に個人の尊厳および社会連帯に関する認識を深めさせるために，小学校または中学校の教諭の普通免許状の授与を受けようとする者に，18歳に達した後，７日以上の期間，盲学校，聾学校，養護学校または社会福祉施設等で，障害者，高齢者等に対する介護，介助，交流等の体験を行わせようとするものである。

②免許のための単位要件との関係　これは，免許を取得するために修得すべき教職および教科等に関する科目の単位要件とは別に付加された要件である。

③**卒業要件との関係**　この介護等体験と大学の卒業要件との関係は，大学によって取り扱いが異なっている。一つは，これは大学の卒業要件と切り離され，免許状の取得のために学生が希望するときだけ，単位とは関係なく大学がこの体験を行わせるというかたちである。また，これを教育実習の事前・事後指導のなかに組み入れるかたちもある。これによると，免許状の取得のために学生が教育実習を受ける場合には，必ずこの体験をすることになる。さらに，授業単位のなかに組み入れるかたちもある。大学がこの体験を含む社会福祉関係の実習あるいは演習の授業を設定するような場合がこれである。教員養成系大学・学部ではこの単位を卒業要件とし，そうでない大学・学部ではこの単位の修得は学生の任意にまかせることになる。

(2) 介護等体験の内容および手続

①**対象施設**　介護等体験の対象施設は，盲学校・聾学校・養護学校または社会福祉施設等である。社会福祉施設等としては，たとえば特別養護老人ホーム，養護老人ホーム，児童養護施設，精神薄弱児施設，肢体不自由児施設，児童自立支援施設などがある。

②**介護等体験の内容**　法律上は全体として7日間の体験と定めるだけであるが，通達により実務上は盲学校，聾学校，養護学校で2日，社会福祉施設等で5日とすることが望ましいとされている。

③**体験の申込**　盲学校，聾学校または養護学校については，各大学ごとに体験を希望する学生の名簿を取りまとめて，大学の所在地の都道府県教育委員会へ申請する。社会福祉施設等については，同様に大学で名簿を取りまとめて，各都道府県の社会福祉協議会へ申請する。

5. 専修免許状

(1) 専修免許状の意義

専修免許状は，大学院においてすでに述べた科目を増加履修させて，特に教職および教科等に関する専門性を深めた教員を養成し，それらの者が教育現場においてその専門性を発揮し，将来的には指導的な立場につくことを期待する趣旨で設けられたものである。この免許状の要件には特例もあるが，原則的には修士の学位を基礎資格としている。

(2) 大学院修士課程と現職教育

①通常の大学院の修士課程　通常の大学院修士課程の授業は昼間に開講される。これは，学部卒業後にそのまま大学院に入学するという，従来の典型的な進学のかたちをとる学生を対象とするものである。したがって，1種の普通免許状を有する現職の教員が職を保有したまま授業を受けるためには，たとえば2年間の長期研修生として派遣されるというような研修の形態をとる必要がある。ただし，予算の関係上，各都道府県の教育委員会においてはこの長期研修生の人数枠を限定しているため，このようなかたちをとるということは必ずしも容易なことではない。

②14条特例の利用　大学院設置基準では，「教育方法の特例」として，大学院の課程では教育上特別の必要がある場合には，夜間その他特定の時間または時期において教育を行うことができるとする（14条）。これを利用すれば，たとえば現職の教員は1年間の長期研修生として派遣されて1年間勉学した後に，2年次については現職に復帰しながら上記の時間あるいは時期の枠を利用して授業を受けることが可能となる。これは「14条特例の利用」と呼ばれている。

③夜間大学院　これは，夜間に主たる時間割を設定するものである。この場合には，標準修業年限は2年であるが，勉学の便宜のために在学年限を6年とすることができる。

6. 教員の身分

(1) 採用試験

　教員の採用試験は，国公立の学校の教員と私立学校のそれとで異なる。通常の例は，各都道府県の単位で年1回定期的に教員委員会が行うことになる（ただし，横浜市，名古屋市などのような政令指定都市では，市の単位だけで採用試験を行うことがある）。これに対して，私立学校の場合には，特に定めはない（ただし，私立学校全体としての統一試験を行って，それを各私立学校が教員の採用に際して利用するという制度はある）。

　公務員の採用は，本来は「競争試験」によるものとされるが，教育公務員特例法上は「選考」によるとされる。そこで，教員採用試験においては，運動能力，芸術的な技能などの選考の他，面接などによる積極性とか協調性などのような学力以外の人格的要素などの選考が行われ，また，臨時採用などの教職経験とか民間企業における社会人としての経験などが，積極的に考慮されうることになる。

(2) 教員の身分

　国・公立の学校の教員は，国家公務員あるいは地方公務員となる。したがって，これらの教員の任命，分限，懲戒等の身分関係については，国家公務員法および地方公務員法が適用される。通常は，小・中学校は市町村立の学校であるから，小・中学校教員は，各市町村の教育委員会の所管の下に置かれる当該市町村の地方公務員となる。したがって，これらの教員の服務の監督は市町村教育委員会が行うことになる。ただし，これらの教員の給与等についての費用は都道府県が負担する（これは，「県費負担教職員」と呼ばれる）ことになるため，その任命権は都道府県の教育委員会に属する。そこで，都道府県教育委員会は，市町村教育委員会の内申にもとづいて県費負担教職員の任免その他の進退を行うことになる。

　これに対して，私立学校の教員の場合には，その法的地位は，原則的には契約にもとづく民間の雇用関係上の地位と同様のものとなる。

(3) 学校の公共性と教員の地位および身分保障

　教育基本法は，国公立・私立を問わず学校が「公の性質」（公共性）を有すること，そこで，たとえ公務員でなくても教員は「全体の奉仕者」として位置づけられること，また，そのため教員の身分保障と待遇の適正化が図られるべきことを定める（6条）。

(4) 教育公務員の特例

　このような学校の公共性および教員の地位についての特別な位置づけから，教育公務員特例法は，教育公務員について一般公務員に対する特例を定めている。上述の教員の採用に関する特例もそれにあたるが，この他には，たとえば研修などの特例がある。すなわち，教員公務員には，現職のままで長期にわたる研修を受けることができるという保障がある（20条3項）。また，逆に，「全体の奉仕者」性を根拠として政治的行為の制限のような特別な規制もある。すなわち，政治的行為の制限については，地方公務員たる教員についても国家公務員と同様の全国的な規制が適用されるものとされる（21条の3）。

教育法規の分類 (部分)

日本国憲法 日本国の最高法規。昭和21（1946）年11月3日公布，翌22（1947）年5月3日施行。教育に関しては，第26条で，等しく教育をうける権利，国民の義務とそれが無償であるべきことについて規定している。その他，第23条では学問の自由，第20条では信教の自由，第89条では公の支配に属しない教育の事業に対する公金の支出の禁止を規定している。

教育基本法 憲法の理念にもとづき，教育の目的を明示した教育の基本法規。昭和22（1947）年3月31日公布・施行。教育の目的，教育の機会均等，義務教育とその無償性，男女共学の他，政治的中立性や宗教的中立性などについて規定している。

- **学校教育法** 日本国憲法，教育基本法の理念にもとづき，学校教育の制度と内容について基本的・具体的に規定した法規。昭和22（1947）年3月31日公布，4月1日施行。学校の範囲，設置基準の他，小学校，中学校，高等学校など，学校種別にその目的や修業年限などについて規定している。

  - 学校教育法施行令――学校教育法施行規則
  - 公立義務教育諸学校の学級編成及び教職員定数の標準に関する法律
  - 教科書の発行に関する臨時措置法
  - 義務教育諸学校の教科用図書の無償に関する法律
  - 学校給食法
  - 日本育英会法……奨学金に関して規定
  - 就学困難な児童及び生徒に係る就学奨励についての国の援助に関する法律　　　　　　　　　　　　　　　　　　　　　　　　　　　　など

- 私立学校法
- 教育職員免許法――教育職員免許法施行規則
- 教育公務員特例法（国家公務員法　地方公務員法）
- 地方教育行政の組織及び運営に関する法律（地方自治法）
- 文部省設置法
- 市町村立学校職員給与負担法（地方財政法）
- 義務教育費国庫負担法（地方財政法）　　　　など

19 教職の近接領域

　教職を「人間の発達や成長を援助する仕事」ととらえれば，教職と近接領域にある仕事は数多くある。また教職につくために必要な教職専門科目は，他の資格取得と共通するものも多い。本章では，この近接領域の仕事を，「教育関係」「教育相談」「福祉」「司法・矯正」「医療・保健」「労働・産業」に分けて概観してみよう。ただ，いくつかの職種は，大学院に進学して心理学や福祉学などを専門に学習することを求めている。

1．教育関係

　直接学校教育と関わるものとして，学校図書館司書があげられる。これは小・中・高校，中等教育学校，盲学校・ろう学校・養護学校において，学校図書館の設置が義務づけられているが，その専門的職務を行うものである。児童・生徒の活字離れが問題視されている折から，本への教務を抱かせる工夫などが問われている。
　図書館の利用者が知りたい情報をすぐに手に入れられるように資料の収集や整理・分類をし，さらに貸し出しの読書案内等，利用者の便宜を図るのが司書で，美術館や博物館等に配属される専門的職員を学芸員という。資料の収集や保管，展示，調査研究，目録作成などを行う。また，教育委員会に所属し，社会教育を行う者に専門的技術的な助言と指導を与えるのが社会教育主事である。
　これら，4種の専門職には，それぞれ補という資格があり，経験年数や所定の単位を履修していない者に与えられる。これらの専門職の資格取得には，いくつかの教職専門科目以外に，独自の専門科目を履修していることが求められている。
　また，民間の資格であるが，外国人に日本語を教える専門知識・能力を判定する日本語教育能力検定試験がある。また，資格は必要とされないが，学習塾や予備校などの講師も教育に関わる仕事である。

2. 教育相談

　「学校教育」と最も近接した領域で行われている仕事は，いわゆる「教育相談」の仕事であろう。この領域を代表するものは，地域の教育相談機関の相談員の仕事と，学校のなかの相談員であるスクールカウンセラーの仕事である。
①教育委員会が設置する教育センターの相談部　地域によって，教育相談所，教育研究所などの名称がある。教育センターそのものは地域の教育研究や教員研修のセンターであるが，そのなかに相談部が設けられ，幼児・児童・生徒の問題に関する相談にのっている。学習上の問題，行動上の問題，情緒的な問題など，この年齢の子どもたちのあらゆる問題に関わっている。相談員は，臨床心理学の訓練を受けた専門家が主であるが，機関によっては，訓練中の大学院生が非常勤の相談員として関わることもある。また，退職した教員や，現職の教員が相談員として加わるところもある（本シリーズ4巻の16「外部の関連機関との連携」参照）。
②学校のなかの相談員であるスクールカウンセラー　いくつかの私立学校では古くから配置されてきたが，公立の学校では1995年度から文部省が開始した「スクールカウンセラー活用調査研究委託事業」によって配置が始まった。現在のところ，文部省派遣の場合は，臨床心理士の資格をもつことが必要であるが，地方自治体独自のスクールカウンセラーは，心理学や教育学を専門として学んだ大学院修了者などを採用している。また，「心の教室相談員」は採用条件がより緩やかである（4巻15「学校内での支援体制」の用語解説参照）。なお，近年，不登校の子どもたちの増加にともない，各地域に「適応指導教室」と呼ばれる教室が，地方教育委員会や学校に整備されてきた。学校と家庭をつなぐ中間施設（half-way house）の意味をもち，学校よりは緩やかで自由な空間を提供して，一人ひとりの子どものペースに合わせて対人関係能力や学習能力の向上を図り，円滑な登校へのウォーミングアップを行う場である。スタッフは学校教員であるが，多くの心理学や教育学の訓練を受けた人材を求めている。ただし，これらの職種は現在のところ，すべて非常勤である。

3. 福祉

　社会福祉事業は，生活保護法，児童福祉法，母子及び寡婦福祉法，老人福祉法，身体障害者福祉法，知的障害者福祉法，その他の社会福祉を目的とする法律によるもので，福祉施設にはその目的と対象者別に，保護施設，児童福祉施設，母子福祉施設，

老人福祉，身体障害者更正援護福祉，知的障害者援護などに分けられる。これらのうち，教育に関わりの強い主な施設の種類としては児童福祉施設，知的障害者援護施設，身体障害者更正援護福祉施設などがあげられよう。

①児童相談所 児童福祉法によって設置されているもので，0～18歳未満の子どものあらゆる問題に関わる最も包括的な機関である(詳しくは，本シリーズ4巻16「外部の関連機関との連携」参照)。児童福祉司や相談員などのケースワーカー，心理的な診断を行う心理判定員，精神科医や小児科医，そして子どもに関わりつつ問題の診断を行う保育士や児童指導員等の多角的なスタッフを擁していることも大きな特徴である。

②児童福祉施設 児童福祉施設とされているものには，助産施設，乳児院，母子生活支援施設，保育所，児童厚生施設，児童養護施設，知的障害児施設，知的障害児通園施設，盲ろうあ児施設，肢体不自由児施設，重症心身障害児施設，情緒障害児短期治療施設，児童自立支援施設及び児童家庭支援センターがある。

保育所は，法律的には，「日々保育者の委託を受けて，保育に欠けるその乳児や幼児を保育する」ための施設である。また，放課後児童健全育成事業として，児童厚生施設等を利用して，その保護者が労働などによって昼間家庭にいない小学校に就学しているおおむね10歳未満の児童に，適切な遊びおよび生活の場を与えて，その健全な育成を図るものとして，学童保育がある。いわゆる鍵っ子対策として生じたもので，地方自治体によってその形態は大きく異なるが，保育所とともに，共働きなどにともなう子どもを取り巻く生育環境の悪化を防止するとともに，就労女性の育児負担を減少させ，就労の継続を保障するためのものである。

児童養護施設は，保護者のない児童，虐待されている児童などの環境上養護を必要とする児童を入所させて，これを養護し自立を支援するための施設である。また，児童自立支援施設は，非行の行為を行ったり，そのおそれのある18歳未満の児童を収容して，生活指導，職業指導及び小・中学校教育に準ずる教育などによる全人格的教育を行う施設である。

③身体障害者更正援護施設 身体障害者更正施設，療護施設，福祉ホーム，授産施設等があり，身体障害者の生活援助，職業指導，更正相談などを行う。保育士・社会福祉士等の資格を有する人が望まれる。

④知的障害者援護施設 知的障害者更正施設，授産施設，福祉ホームなどがあり，知的障害者の生活援助，職業指導，更正相談などを行う。

急速な高齢化が進行するなか，2000(平成12)年度から導入された公的介護保険制度の実施にともない，主として高齢者の福祉施設が注目されている。老人デイサービスセンター，老人短期入所施設，養護老人ホーム，特別養護老人ホーム，軽費老人

ホーム，老人福祉センター等があり，介護福祉士等各種の専門職を求めている。

4．司法・矯正

いわゆる「非行」の問題に関わる職域。教職と関連の深い機関としては，家庭裁判所，少年鑑別所，少年院，保護観察所，警察関係の相談室等がある。
①家庭裁判所 家事事件（夫婦・親子・親族間の問題）と少年事件（非行問題）を扱うが，通常の裁判所が権利と義務の関係を明らかにして白黒の決着をつけるのに対して，ここでは家庭内の紛争や非行の背景にある原因を究明し，その問題の解決を図ることに力を入れる。家庭裁判所調査官は，心理学などの人間関係諸科学の専門家としての視点から，事件の背景に関して法律だけでは理解できない深い部分まで接近し，その解明と予後についての知見を裁判官に提出し，その判断が少年および当事者の福祉の実現に結びつくように援助する役割を担う。実際には調査だけでなく治療的な役割を果たすことも多い。採用の入口となる試験には，心理学，社会学，社会福祉学，教育学，法律・行動科学の5分野が設けられている。
②少年鑑別所 刑務所，拘置所および少年院とともに，法務省矯正局に所属する機関である。家庭裁判所の決定により収容された非行少年（おおむね14歳以上）を，家庭裁判所で審判が行われるまでの間収容するとともに，少年が非行に走るようになったいきさつや，今後どうすれば健全な少年に立ち戻れるかを，医学・心理学・教育学・社会学などの専門的知識や技術によって科学的に解明することを主な任務にする。法務技官（心理技官）は，原因の解明や効果的な処遇方針を分析して家庭裁判所などへ通知する業務を行う。

なお，少年院や少年鑑別所に収容された非行少年に対して，生活指導および学科教育などを行うことを主な業務とする法務教官の職種もある。

5．医療・保健

心身の健康を図る医療や保健の職域にも，心の動き方，発達の仕方，効果的な働きかけ方などに関する知見が生きる領域がある。
①精神保健センター 都道府県における精神保健の中枢機関であり，精神保健に関する知識の普及や調査研究や相談事業を行っている。精神科医，精神科ソーシャルワーカー，臨床心理技術者，保健婦等が配置されている。
②保健所 地域の保健に最前線で関わる重要な機関であり，母子保健，精神保健など

に関する貴重な働きかけを行っている。たとえば，1歳6カ月と3歳時に行われる健康診査等は，子どもの発達に関する予防的介入として重要な意味をもっている。

③**一般病院** 歩行訓練などの身体機能のリハビリテーションを行う理学療法士，日常生活に必要な機能訓練を行う作業療法士以外に，音声・言語機能や聴覚障害者に機能回復へ導く言語聴覚士という職がある。これらはいずれも国家資格である。

　小児科，精神科，神経内科等では，臨床心理や発達心理の専門家が患者の病理の診断および治療を心理的な側面からサポートする役割を担う。小児科では，発達の遅れの診断や遊戯療法などの治療が，精神科では心理テストを用いた診断や心理療法による治療などが主な役割となる。末期治療における患者の心のケア，HIV感染者やエイズ患者やその家族への精神面の援助も，これからの重要な領域である。

6. 産業・労働

　学校教育を終えた後，多くの人が生活する場は「職場」である。人間が最も長期間所属する組織といってもよい。青年期，成人期，老年期の，それぞれの発達の節目で出会う危機は，職場の問題と深い関連をもって現れてくる。また，伝統的な終身雇用制や年功序列制度の崩壊や産業構造の転換など，職場のシステムの変換が人間に与える影響も大きい。

　これらの問題に対処するために「産業カウンセリング」の活動が提起されている。この活動には，①キャリア・カウンセリング（職業選択，配置転換など，人が職業生活を送っていくうえで重要となる問題への援助を行う。最近では定年後の生活設計にまで範囲が広がっている），②能力・自己開発の援助（創造性豊かな人材の育成を行うための，個人の能力開発や自己開発への援助），③メンタルヘルス活動（職場の人間関係のトラブル，仕事の行きづまりなどに関連する精神的な問題への援助），の3つの領域が含まれている。労働大臣が認定する産業カウンセラーの資格も設けられている。わが国においてはこれから発展が期待される領域でもある。

7. 進路選択の手がかり

　進路の選択をする際には，「今，社会のなかで何が最も必要とされているか？」「どのような人たちが最も深く手助けを求めているか？」を考えると同時に，それに関わる「私」自身は，どのようなことに関心を抱き，どのような活動をするときに最もいきいきとできるかを考えることが意味をもつ。

この，自分の個性を考えるときに，次のような観点から自分のなかの思いを振り返ってみると，ある手がかりが得られるかも知れない。

①どの世代との関わりに関心があるか　小さな子ども（幼児や児童）に関わりたい，彼らと一緒にいるときが最も楽しいと感じる人もいる。小さな子どもはどうも苦手だ，何か手応えがない，もう少し年長の子どもたち（思春期，青年期）と付き合いたいと思う人もいる。老人に自然な関心を抱く人もいる。

②どのような問題に関心があるか　自分のなかに苦しみをためこんで閉じこもってしまいがちな人に心が動く人もいる。自分のなかの屈折する思いをそのまま表現することが苦手で，それをさまざまな「悪さ」をすることでしか表現できない子どもたちに心が惹かれる人もいる。人間の心のなかの複雑な情緒的な動きには触れたくない，むしろ人がいろいろなモノやものごとに触れながら，知識を増やしたり発見をしたりする知的な学びの喜びに関わりたいと考える人もいる。さまざまな障害をかかえて頑張っている人の手助けをしたい人もいる。

③どのような関わりに関心があるか　一人ひとりに丁寧に個別的に関わりたいと思う人もいれば，集団のもつ活力や集団内の活発な相互作用の意義に心惹かれる人もいる。相手に積極的に働きかけ，相手を動かしていく能動的な関わり方が「自分らしい」と感じる人もいれば，むしろ相手のペースに合わせてじっくりと伴走していくような受動的な関わり方のほうが自分に合っていると感じる人もいる。個人の心のなかに深く入っていきたいと思う人もいれば，「それはちょっと苦手だ」「気が重い」「私はむしろ，個人の内面に入っていくよりは，その人の周りの環境を整えたり，周りの人との関係をつないであげたりすることで，その人の役に立ちたい」と思う人もいる。人のなかやものごとのなかにナマナマしく跳び込んでいって働きたいと思う人もいれば，「それはちょっとシンドイ」「怖い」「人やものごととの間に，ある程度の距離を置いて関わりたい」「そうしないと自分が潰れてしまう」と感じる人もいる。

　自分らしいスタイルで，自分が心惹かれることに取り組むことが，最終的には，自分も楽しいし，人の役に立てることも多い。たとえば，個別的・受動的な関わり方が自分のスタイルと感じる人はカウンセリング的な仕事への親縁性を，集団的・能動的な関わり方の人は教師という仕事へのそれをもっているといえるかもしれない。人やものごとへの「距離」が大切な人は研究や調査という仕事が，また，「個人の内面に入っていくよりは，周りの環境を整えたり，人との関係をつないであげたりすることで，人の役に立ちたい。それならできそうだ」と思う人はケースワーク的な仕事が，それぞれ合っているかもしれない。自分の個性を客観的かつ肯定的にとらえ，それに合う仕事の方向を丹念に探ることは，進路選択の重要なプロセスである。

20 教師をめざす

1．制度のなかの教師

⑴ 「教師」と「先生」

　「教師」に似た語に「先生」というのがある。どちらも辞書を引けば，「子どもや青年達の心身の発達を助けるための活動をする人」とか，「学問や技芸を教える人」といった説明がなされている。たしかに「国語の教師」「国語の先生」という表現はともに可能である。しかし，「生け花の先生」は可能であるが，「生け花の教師」はどことなくおかしい。いろいろ使ってみるとわかるのだが，特別の成句を除けば，「教師」が使われているところでは，まず「先生」で代替可能と考えてよい。しかし，「先生」が使われているところに「教師」を当てはめておかしい場合がある。「生け花の先生」のような場合である。

　「先生」という語は，その師弟関係が個人的なものであっても，公的なものであっても使用可能のようである。それに対して，「教師」は，師弟関係が個人的なときに使うのは何か変である。どうも「教師」という語は，組織の存在を前提にしているようである。学校という組織を前提にした「教師」，塾という組織を前提にした「教師」といった具合にである。ただ，家庭教師は別である。これは学校に対する家庭での教師という意味合いが強いからだろう。

⑵　制度としての教育

　近代国家がその存続のために国民の教育を必須のものと考え，学校という組織を整備するとき，その組織を前提にして，教師という職業が非常にはっきりしたかたちで現れてくるのである。「寺子屋の先生」とはいえるが，「寺子屋の教師」がおかしいのは，端的にそのことを表しているからとはいえないだろうか。

　わが国の近代的学校制度は，1872年（明治5）の学制発布に始まる。その年に小規模ではあるが最初の師範学校が直ちに設けられ，10年後には76校を数えたという。こうして制度のなかの，また職業としての教師が確立されていくことになる。

教師という職業は，良くも悪くも組織を抜きにしては考えられない。読者の皆さんは，「先生になりたい」とか，「先生になるのも悪くないな」と思っている人たちであろう。しかし，現実に皆さんがなるのは，組織を前提にした「教師」なのだということを心にとめておいて欲しい。

　さて，教育は，制度的にではなく個人的に行われていれば問題を生じにくい。たとえば，学びたいと考える人が，これぞと思う人に教えを乞うような関係では問題は生じにくい。たとえ，問題が生じたとしても，その師弟関係を解消すれば多くのことは解決する。

　しかし，教育が制度として行われるようになると問題も生じやすくなる。たとえば，現在の学校制度では，ある年齢に達すれば，ほぼ自動的に制度のなかに学習者が入ってくることになっている。教師からすれば，学習意欲のあまりない子どもや，いろいろな意味で準備の整っていない子どもに対しても，教育を行わなければならない。したがって，教育を可能にする状況づくりから始めなければならなかったりもする。なかなか本務の教えることにならないときもあるのである。

　逆に教わる側からしても同様の問題がある。子どもの側にも選択できる余地が少ない。何となく相性の悪い教師が担任ということもある。教育に対する熱意も少なく，指導も十全でない教師に遭遇しても，一定期間はそこから逃れられないといった場合もなくはないのである。

2. 教師という仕事に関わる「哲学」

(1) 教育と管理

　また，制度があるということは，そこに管理があるということである。管理はともすれば，管理自体が自己目的化しかねない。組織のなかでは，日々多くの小さな，また大きな問題が生じる。制度のなかの人たちがそれらの問題に防衛的に，理念をふりかざして観念的に対応することになると，偽善・欺瞞のにおいのするものが入り込みやすくなる。教師という職業や学校に，時としてある種のうさん臭さを感じることがあるとすれば，この点に関してなのである。

　だからといって，管理が問題なのだ，教育に管理は必要ないのだ，管理してはいけないのだ，と考えるのは素朴すぎる。考えてみて欲しいのだが，そもそもある特定の空間に，複数の人間が，ある特定の時間を共有するということ自体，管理にほかならないではないか。登校の時間を守り，授業開始・終了の時間を守ることは，管理以外の何ものでもない。そして，授業中に他人の迷惑にならないように一定の規範を守る

というのも，管理であろう。
　どうやら管理が教育を窒息させるとか，自由と管理は対立するとか，といった構図で考えるのはまずいようである。クラスのなかでの活発で有用な討論は，ある特定の課題設定の下で行われているという意味で管理が関係するだろう。相手の意見をよく聞きながらといった討論の作法が守られていること，守らせることも大事であろう。したがって，各人の活性化をうながすために，管理があるのだといったら理想論だといわれるだろうか。
　個人を窒息させるような管理は，何のために管理があるのかが逆転していることは確かであるが，管理が必要であることもまた確かである。どのような管理が望ましいのか，どこで線が引かれるのか，どう考えるべきなのか，意見の分かれるところであろう。ただ，はっきりしていることは，教師になろうとしている人たちは，管理という語に無用の嫌悪感をもつことなく，管理が自己目的とならないよう，自分なりの「哲学」を作っていかなければならないということである。

(2) 教師聖職論

　このような「哲学」を作っていかなければならないのは管理に限らない。「聖職」や「自己犠牲」などといった語が現れる領域についても「哲学」が必要である。
　明治以来，教師の職業すなわち教職はしばしば聖職であるといわれてきた。教えるという行為は大きな影響を相手に与えるのだから，自らの衿を正す意味で，これがいわれてきたのなら望ましいことであるかも知れない。また，いたずらに富貴を求めることなく，学問や教育に精勤する姿勢を尊敬していうのなら問題はないだろうとも感じる。
　しかし，聖職なのだから，経済的なことは問題にせず献身的に子どものために働かなければならない，自己犠牲が必要である，間違いがあってはならない，知らないことがあってはならない，ということになると不具合を生じそうである。時としては教師本人が，自らこのような想いにとらわれてしまうこともある。
　教師になり郡部に赴任したある卒業生が，休日にも子どもたちが訪れて来て自分の時間がないことを嘆き，それと同時に嘆く自分は教師として適格性がないのでは，と述べたことがある。安直に割り切っている人はともかく，教職に夢を抱く真面目な人ほど，このように教師としてあるべきと考える像で，自分を縛ってしまうことになるようである。自己の犠牲を払うほど，よい教師という想いがあるようである。
　しかし，そうなのであろうか。熱意は理解できるし，大切にしなければならないが，何かが不自然な気がしないだろうか。ここでも自分の行動の基準となるような，バラ

ンスのとれた「哲学」が必要である。

　歴史的には，聖職であることを楯に，教師が経済的に適切に処遇されなかった時期もあったようである。また，身分の不安定さや，劣悪な経済状態のなかで，教師自らも聖職論で自己を正当化し，自己防衛的で権威主義的になっていった側面があったことも否めないようである。

　このような意味で教職聖職論は評判が悪い。そこで，主として第二次大戦後，教育労働者論が主張されることになる。この論は，種々問題のあった教師聖職者論に対するアンチテーゼ的な色彩が強い。しかし，教師も労働をして糧を得ているのであるから，労働者であるということもできるが，それで教職の意味が明らかになるわけではない。労働者論で聖職者論の問題がクリアできるわけではない。

　そこで，教職は専門職なのだという論が行われることになる。専門職の内実は必ずしも明快な共通見解としてあるわけではないが，以下，学習指導を中心に教師の専門性や教師に期待されていることを考えてみよう。そして，最後にもう一度，教職論に戻ることにしよう。

3. 学習指導の意味

(1) 学習者への支援

　まず，学習は学習者によって行われているのだ，と最初に確認しておこう。教育は教えることとイコールではない。教えるという行為があっても，子どもたちによって学ばれていなければ教育にはならない。学ばれることがあくまでも教育の基本なのである。子どもが学べるように，子ども本人ではない外側の教師が行う活動が，教えるという行為なのである。

　だから，うまく学ばれていないときには，教えているように見える行為が存在していても，実はそれはあまり教えていることにはなっていないのである。逆に，教え方がいかにまずそうに見えても，子どもたちがよく学習していれば，その教授活動はどこかが適切なのである。

　学習者が学習するのを外からサポートするのが学習指導である，とはっきり認識しておかないと，教授活動を形式的に整えることが自己目的化してしまうおそれがある。そして残念ではあるが，このようなことは必ずしも教育現場で少なくはないのである。

　望ましいと思われる形式・順序をふんで教授活動を行ったにもかかわらず，クラスの子どもたちが十分に学習しなかったとしよう。このとき，その理由を，子どもたちの勉学に対する基本的姿勢ができていないからだ，などといったりすることがある。

しかし，そういっただけでは問題の解決にはならない。たとえ，その子どもたちがいわれるような状態だったとしても，よく学習させられなかったのは，「勉学に対する基本的姿勢ができていない」その子どもたちに対して，教授活動が適切でなかった，合わなかった，と考えるべきでなのである。

経験を話させたり身近な生活のなかにあるものを取り上げれば，たしかに興味を引くこともある。しかし，それで興味をもたれなかったならば，身近なものを取り上げれば興味をもたれるはずだ，という教授活動に関する自分の信念を疑ってみるべきなのである。

身近なものから始めて順次身近でないものへ，という同心円的な指導理論も，具体的なものから始めて抽象的な認識へ，という指導理論も，実験や観察から理論へ，という指導理論も，一般に思われているほど正しいものではないのである。たとえば，百葉箱による観測をかなり長期間続けても，そこから得られるデータだけで，気候や天気を構造的に認識することは至難の業であろう。このように，現在のわれわれの教育常識の多くは，再検討を必要とするものだと考えておいたほうがよいのである。

さて，学習者が学習するのであって，教えるという活動はそれを外側にあってサポートすることであった。したがって，そこからの帰結は，教師は学習者がいかなる学習をしているのかを見なければならないし，見えなければならないということである。そして，教授活動を学習者に合ったものに工夫しなければならないということである。

⑵ 学習者の認知構造

次に，もう一つ確認しておきたいことがある。それは学習者は白紙ではないということである。認知心理学では，主体は生得的または経験的に獲得している既存の情報にもとづいて，外界からの情報を選択的に取り入れ，また新しい情報を主体内に構成・記憶し，その新しい情報を用いて次の選択的な情報収集をしているのだということを強調する。主体のもつ既存情報の総体を認知構造と呼んだりするが，学習者は彼の認知構造経由で情報を受け取り，また活動をするのである。これは学習が与えられたものをそのままダイレクトに取り込むといったかたちで，機械的に行われるのではないことを意味している。

したがって，子どもは白いキャンバスで，教えたことは何でも受け取ってしまうと考えるのは間違いである。学習者には学習者なりの認知構造があると考えたほうが現実をよく説明できる。認知構造によく合うものは簡単に学習するが，それに合わないものは，そもそも受けつけないか，それとも既存の認知構造と関連づけられないままに，一時的に機械的に暗記するかたちで学習し，テストなどの必要がなくなるとすっ

かり忘れてしまうのである。

　力学を例にとってみよう。力学を学ぶ以前に，学習者は摩擦のある世界のなかで，ある程度一貫性・妥当性のある彼らなりの力学を作っているのが普通である。たとえば，動いている物体には運動方向に力が働いているといったものである。このような認知構造をもっているのであるから，それと相反する内容（たとえば，慣性の法則）をもつ力学を教えるとは，学習者の既存の論理を変えることでなければならない。力学を紹介するだけでは，その知識は一時預かりにしかならないのである。

　学習者が学習するのだから，教師は学習者がいかなる学習をしているのかが見えなければならないと述べた。学習者は白紙ではないということは，この学習者を見るための大きな前提であるといってよいだろう。学習者の認知構造を推測し思考や活動の筋を追うことによって，教師は学習者の学習を見ようとするのである。

4. 教師に望まれること

　教育は制度として行われるが，学習はすぐれて個人的な営為である。協同作業のなかでいかに活動しようとも，最終的に個人へ内化しなければ意味はない。したがって，教師が個々人の学習を保証しようとすれば，個々人の有様を把握していなければならない。画一的に指導して，画一的に評価するというわけにはいかないのである。学習者の学習が，個々人のレベルで見えなければならないのである。一日の最後に，一人ずつ学級のすべての子どもを目にうかべ，明確な像がうかばない子どもがいると，翌日にはその子の名前を書いて特に注意するような努力をする先生もいるのである。

　制度としての学校は，子どもたちから見れば，学ぶ場であると同時に，集団を経験する場でもある。ということは，教師には2つの側面の指導が要求される。一つは教科を軸とする学習指導である。もう一つは，学ぶ場の運営に関する指導，または子どもたちに社会性を獲得させる指導である。

　これらの指導の過程で，日々いろいろな問題が生じるはずである。その問題を一つずつ解決するなかで，教師本人が向上を実感できなければ，努力は長続きはしない。自己の固定観念やいたらなさを認めることは，最初はつらいことかも知れない。しかし，それが問題解決・自己向上の源であることを実感でき，楽しめるようになると素晴らしい。要は子どもと共に育つことができるかどうかである。

　その意味で，教師は独特の魅力をもった職業である。単に子ども好きだからといった理由ではなく，教師の仕事の実態を知り，そのなかでどのような教師になりたいのかを考えて，教師をめざして欲しい。

さらに学ぶために——参考文献

1部　教育をめぐる状況

広田照幸　1999『日本人のしつけは衰退したか——「教育する家族」のゆくえ』（講談社現代新書）講談社
堀尾輝久　1997『現代社会と教育』（岩波新書）岩波書店
堀尾輝久・汐見稔幸（編）1996『変容する社会と学校』柏書房
藤田英典　1991『子ども・学校・社会——「豊かさ」のアイロニーのなかで』東京大学出版会
イギリス教育省（池　弘子・香川知晶／訳）1996『いじめ，ひとりで苦しまないで——学校のためのいじめ防止マニュアル』東信堂
今田高俊　1987『モダンの脱構築——産業社会のゆくえ』（中公新書）中央公論社
今津孝次郎・樋田大二郎（編）『教育言説をどう読むか——教育を語ることばのしくみとはたらき』新曜社
門脇厚司　1992『子供と若者の〈異界〉』東洋館出版社
菅野盾樹　1997『いじめ——〈学級〉の人間学』（増補版）新曜社
清永賢二　1997『漂流する少年たち——非行学進化のために』恒星社厚生閣
久冨善之　1993『競争の教育——なぜ受験戦争はかくも激化するのか』労働旬報社
中西新太郎（編）1997『子どもたちのサブカルチャー研究』労働旬報社
日本教育社会学会（編）1998『教育社会学研究』第63集（特集　子どもを読みとく），東洋館出版社
宮台真司　1997『まぼろしの郊外——成熟社会を生きる若者たちの行方』朝日新聞社
森田洋司（総監修）1998『世界のいじめ——各国の現状と取り組み』金子書房
森田洋司（編）1999『日本のいじめ——予防・対応に生かすデータ集』金子書房
柴野昌山・菊池城司・竹内　洋（編）1992『教育社会学』有斐閣
志水宏吉（編著）1998『教育のエスノグラフィー——学校現場のいま』嵯峨野書院
髙倉　翔（編著）1996『教育における公正と不公正』教育開発研究所
滝　充　1996『「いじめ」を育てる学級特性——学校がつくる子どものストレス』明治図書

2部　学校という存在

明石要一『「追試」で若い教師は成長する』明治図書，1987
明石要一（編）1998『新・地域社会学校論』ぎょうせい
蘭　千壽　1999『変わる自己　変わらない自己』金子書房

蘭　千壽・古城和敬（編著）1996『教師と教育集団の心理』誠信書房
デューイ，J.（市村尚久／訳）1998『学校と社会・子どもとカリキュラム』（講談社学術文庫）講談社
堀　真一郎（編）1985『世界の自由学校』麦秋社
堀尾輝久ほか（編）1996『組織としての学校』（講座学校　7）柏書房
加藤幸次　1996『ティームティーチング入門』国土社
勝野充行　1996『子ども・父母住民の教育参加論』教育史料出版会
黒崎　勲　1999『教育行政学』岩波書店
西村絢子　1994『父母の学校参加』学文社
宮本常一　1984『家郷の訓』（岩波文庫）岩波書店
奥地圭子　1992『学校は必要か――子どもの育つ場を求めて』（NHKブックス）NHK出版
佐伯俊彦　1996『教育改革に挑む――開かれた学校をめざして』海鳥社
佐伯　胖・藤田英典・佐藤　学（編）1996『学び合う共同体』（シリーズ学びと文化　6）東京大学出版会
佐藤　学（編）1995『教室という場所』（教育への挑戦　1）国土社
下村哲夫（編）1996『少子時代の学校』（現代の教育課題に臨む　2）ぎょうせい
新堀通也ほか　1989『教育研修総合特集・開かれた学校読本』教育開発研究所
田島義介　1996『地方分権事始め』（岩波新書）岩波書店

3 部　教師という仕事

4 部　教師をめざす人のために

北星学園余市高等学校（編）1995『やりなおさないか君らしさのままで――生徒・父母・教師が綴る私の北星余市物語』教育史料出版会
稲垣忠彦ほか（編）1988『教師のライフコース』東京大学出版会
稲垣忠彦・久冨善之（編）1994『日本の教師文化』東京大学出版会
河野重男　1987『自己教育力を育てる』（学校改善実践全集　3）ぎょうせい
近藤邦夫　1994『教師と子どもの関係づくり』東京大学出版会
牧　柾名・今橋盛勝（編）1982『教師の懲戒と体罰――学校教育と子どもの人権』エイデル研究所
松本良夫ほか（編）1994『逆風のなかの教師たち』東洋館出版
森口秀志（編）1999『教師』晶文社
大阪教育文化センター（編）1996『教師の多忙化とバーンアウト』京都法政出版
乙武洋匡　1998『五体不満足』講談社
佐伯　胖ほか（編）1998『教師像の再構築』（岩波講座現代の教育　6）岩波書店
斎藤喜博　1970『斎藤喜博全集』国土社

佐藤　学　1997『教師というアポリア——反省的実践へ』世織書房
志水宏吉（編）1998『教育のエスノグラフィー——学校現場のいま』嵯峨野書院
杉尾　宏（編）1988『教師の日常世界』北大路書房
髙橋金三郎　1973『教育・自然科学教育論集』評論社
横尾浩一（編）1995『教師が飛躍する時——つまずきの克服・成長の仕方』学陽書房

引用・参考文献

1 子どもと社会変化
アリエス，P.（杉山光信・杉山恵美子／訳）1960『〈子供〉の誕生——アンシャン・レジーム期の子供と家族生活』みすず書房
広田照幸 1998「〈子どもの現在〉をどう見るか」日本教育社会学会（編）『教育社会学研究』第63集，東洋館出版社，5-24頁
近藤邦夫 1994『教師と子どもの関係づくり——学校の臨床心理学』東京大学出版会
志水宏吉 1997「子どもの変化と学校教師の課題——兵庫県A市におけるインタビュー調査から」東京大学大学院教育学研究科
山田昌弘 1998「少子時代の子育て環境——子育ての動機づけの危機」日本教育社会学会（編）『教育社会学研究』第63集，東洋館出版社，25-38頁

2 教育をめぐる環境変化
アリエス，P.（杉山光信・杉山恵美子／訳）1960『〈子供〉の誕生——アンシャン・レジーム期の子供と家族生活』みすず書房
片桐雅隆 1991『変容する日常世界——私化現象の社会学』世界思想社
国立社会保障・人口問題研究所（編）1998『人口の動向　日本と世界——人口統計資料集〈1998〉』厚生統計協会
近藤邦夫 1994『教師と子どもの関係づくり——学校の臨床心理学』東京大学出版会
Hargreaves, A. 1994 *Changing Teachers, Chnging Times : Teacher's work and culture in the postmodern age*, Tronto, Ont. : OISE Press, pp. 8-10.
広田照幸 1998「〈子どもの現在〉をどう見るか」日本教育社会学会（編）『教育社会学研究』第63集，東洋館出版社
志水宏吉 1997「子どもの変化と学校教師の課題——兵庫県A市におけるインタビュー調査から」東京大学大学院教育学研究科
総理府統計局（編）1998『日本の統計　1998年版』
山田昌弘 1998「少子時代の子育て環境——子育ての動機づけの危機」日本教育社会学会（編）『教育社会学研究』第63集，東洋館出版社，25-38頁
Whitty, G., Power, S. & Halpin, D. 1998 *Devolution and Choice in Education : The school, the state and the market*. Milton Keynes : Open University Press.

3 競争と平等
天笠　茂 1995「学習意欲と競争心」『児童心理』2月号（臨時増刊）金子書房
下村哲夫・成田國英・天笠　茂 1995『学級経営の基礎・基本』ぎょうせい

高倉　翔（編著）1996『教育における公正と不公正』教育開発研究所

4　教育言説の視点から教育論を解きほぐす

デューク，B. C.（国弘正雄・平野勇夫／訳）1986『ジャパニーズ・スクール』講談社
フーコー，M.（中村雄二郎／訳）1981『言語表現の秩序』（改訂版）河出書房新社
今津孝次郎 1997「序」今津孝次郎・樋田大二郎（編）『教育言説をどう読むか——教育を語ることばのしくみとはたらき』新曜社
伊藤茂樹 1997「いじめは根絶されなければならない——全否定の呪縛とカタルシス」今津孝次郎・樋田大二郎（編）1997『教育言説をどう読むか——教育を語ることばのしくみとはたらき』新曜社
金　賛汀 1989『ぼく，もう我慢できないよ——ある「いじめられっ子」の自殺』（講談社文庫）講談社
毎日新聞社社会部（編）1995『総力取材「いじめ」事件』毎日新聞社
芹沢俊介 1998「いじめられた子どもたちの遺書から」『子どもたちはなぜ暴力に走るのか』岩波書店
田中節雄 1997「学校は子どもの個性を尊重するところである——学歴主義社会のなかでもつ意味」今津孝次郎・樋田大二郎（編）1997『教育言説をどう読むか——教育を語ることばのしくみとはたらき』新曜社
森田洋司・清永賢二 1986『いじめ——教室の病い』金子書房

5　自らの教育を振り返る

Bransford, J. & Stein, B., 1984 *The IDEAL Problem Solver : A Guide for Improving Thinking, Learning, and Creativity*. New York : W. H. Freeman.（古田勝久・古田久美子／訳，1990『頭の使い方がわかる本』HBJ出版局）
Holt, J. 1964 *How Children Fail*. New York : Pitman Publishing.（渡部　光・佐藤郡衛／訳，1979『教室のカルテ——なぜ，子供は失敗するのか』新泉社）
西林克彦 1994『間違いだらけの学習論——なぜ勉強が身につかないか』新曜社

6　学校というもの

アップル，M. W.（門倉正美・宮崎充保・植村高久／訳）1986『学校幻想とカリキュラム』日本エディタースクール出版部
アリエス，P.（杉山光信・杉山恵美子／訳）1980『〈子供〉の誕生——アンシャン・レジーム期の子供と家族生活』みすず書房
バーンステイン，B.（萩原元昭／編訳）1985『教育伝達の社会学——開かれた学校とは』明治図書出版
ブルデュー，P.・パスロン，J. C.（宮島　喬／訳）1991『再生産——教育・社会・文化』藤原書店

Dewey, J. 1899 The school and Society.（宮原誠一／訳，1957『学校と社会』（岩波文庫）岩波書店
ドーア，R. P.（松居弘道／訳）1978『学歴社会　新しい文明病』岩波書店
エディト（編）1999『学校で教えない職人の仕事』竹村出版
Freinet, C. 1964 *Les techniques freinet de l'école moderne.* Paris : Armond Calin.（石川慶子・若狭蔵之助／訳，1979『フランスの現代学校』明治図書）
フーコー，M.（田村　俶／訳）1977『狂気の歴史』新潮社
林　竹二　1983『運命としての学校』（林　竹二著作集　8）筑摩書房
Illich, I. 1971 *The Deschooling Society.* New York : Harper & Row.（東　洋・小澤周三／訳，1977『脱学校の社会』東京創元社
松居　和　1989『学校が私たちを亡ぼす日』エイデル研究所
松崎運之助　1981『学校』晩聲社
宮本常一　1984『家郷の訓』（岩波文庫）岩波書店
水木しげる　1977『のんのんばあとオレ』筑摩書房
中野　光　1968『大正自由教育の研究』黎明書房
西岡常一　1993『木のいのち木のこころ　天』草思社
小川三夫　1993『木のいのち木のこころ　地』草思社
桜井哲夫　1984『「近代」の意味　制度としての学校・工場』（NHKブックス）NHK出版
「産育と教育の社会史」編集委員会（編）1983『学校のない社会　学校のある社会』（叢書　産育と教育の社会史）新評論
「産育と教育の社会史」編集委員会（編）1983『民衆のカリキュラム　学校のカリキュラム』（叢書　産育と教育の社会史）新評論
「産育と教育の社会史」編集委員会（編）1984『生活の時間・空間　学校の時間・空間』（叢書　産育と教育の社会史）新評論
佐伯　胖・藤田英典・佐藤　学（編）1995『学びへの誘い』（シリーズ・学びと文化　1）東京大学出版会
佐藤忠良　1997『触ることからはじめよう』講談社
塩野米松　1994『木のいのち木のこころ　人』草思社

7　現代日本の教育と学校制度

我孫子市立我孫子第二小学校（編）1998『「地域の先生」と創るにぎやか小学校』農山漁村文化協会
淡路智典他所沢高校卒業生有志　1999『所沢高校の730日』創出版
井上龍一郎ほか　1991『ゲルニカ事件』径書房
海原　徹　1996『学校』（日本史小百科　4）（改訂新版）東京堂出版
海後宗臣・仲　新・寺崎昌男　1999『教科書でみる近現代日本の教育』東京書籍
勝田守一・中内敏夫　1964『日本の学校』（岩波新書）岩波書店

岸　裕司　1999『学校を基地にお父さんのまちづくり——元気コミュニティ！秋津』太郎次郎社
黒崎　勲　1999『教育行政学』岩波書店
文部省（編）1992『学制百二十年史』ぎょうせい
文部省　1996　中央教育審議会答申「21世紀を展望した我が国の教育の在り方について」
文部省　1998　中央教育審議会答申「今後の地方教育行政の在り方について」
森　隆夫（編）1999『必携学校小六法　2000年度版』協同出版
奥地圭子　1992『学校は必要か——子どもの育つ場を求めて』（NHKブックス）NHK出版
尾崎ムゲン　1999『日本の教育改革』（中公新書）中央公論新社
渋谷忠男　1988『学校は地域に何ができるか』農山漁村文化協会
高橋　敏　1999『近代史のなかの教育』岩波書店

9　学級制度
明石要一　1987『「追試」で若い教師は成長する』明治図書，12-13頁
日本教育社会学会（編）1986『新教育社会学辞典』東洋館，99頁
上杉賢士・中原美恵（編著）1996『かかわりの中で育つ・学級経営』明治図書，124頁

10　地域社会との共生
千葉市立打瀬小学校　1998『21世紀の学校はこうなる』国土社
藤田英典　1991『子ども・学校・社会』東京大学出版会
共同通信社　1998「事件1年後の面接調査結果」6月28日付記事
岸　裕司　1999『学校を基地にお父さんのまちづくり——元気コミュニティ！秋津』太郎次郎社
窪田真二ほか　1995「父母の学校参加組織の実態と欧米の学校参加制度」文部省科学研究費研究成果報告書
OECD教育研究革新センター（中島　博ほか／訳）1997，1999『親の学校参加』学文社
「少年A」の父母　1999『「少年A」この子を生んで……』文藝春秋

11　学級集団
蘭　千壽　1999『変わる自己　変わらない自己』金子書房
蘭　千壽・古城和敬（編著）1996『教師と教育集団の心理』誠信書房
渕上克義　1992『学校組織の人間関係』ナカニシヤ出版，16-25頁

12　学校像の模索
【コラム】
レイヴ，J.・ウェンガー，E.（佐伯　胖／訳）1993『状況に埋め込まれた学習——正統的周辺参加』産業図書

13　教師の一日
ヒルサム，S. ほか（牧　昌見／監訳）1988『教師の一日』ぎょうせい
藤田英典ほか　1996「教師の仕事と教師文化に関するエスノグラフィー的研究」『東京大学大学院教育学研究科紀要』第35巻
藤田英典ほか　1996「教育実践のエスノグラフィー」日本教育社会学会第47回大会発表資料
古賀正義　1997「職業としての教育」岩内亮一ほか（編）『新・教育と社会』学文社
古賀正義　2001『〈教えること〉のエスノグラフィー』金子書房
日本教職員組合（編）1997『教職員の勤務時間』アドバンテージサーバー社
日本教職員組合・教育政策調整室　1998「教職員のなやみ調査（中間発表）」日本教職員組合
佐藤，ナンシー　1994「日本の教師文化のエスノグラフィー」稲垣忠彦ほか（編）『日本の教師文化』東京大学出版会
油布佐和子　1997「教師のライフスタイル」牧　昌見（編）『教職「大変な時代」』教育開発研究所

15　組織の一員としての教師
天笠　茂　1998「組織としての学校」河野重男・児島邦宏（編著）『学校パラダイムの転換』ぎょうせい
天笠　茂　1998「⑤21世紀に求められる〈教師の資質・能力〉とは何か？」『総合教育技術』8月号，小学館
バーナード，C. I.（山本安次郎・田杉　競・飯野春樹／訳）1956『新訳　経営者の役割』ダイヤモンド社
吉本二郎（編著）1976『学校組織論』第一法規

16　子どもを委ねられるということ
中野健二　2000「学校のクラスという集団のなかで，『個』を尊重するための実践例」近藤邦夫ほか（編著）『学校臨床の展開』東京大学出版会
乙武洋匡　1998『五体不満足』講談社

17　教師の成長
東京都教師の問題意識研究プロジェクト　1992「教育活動における教師の問題意識に関する研究」『東京都立教育研究所紀要』35，1-116頁

18　教師になるためのガイド
菱村幸彦　1983『やさしい教育法規の読み方』教育開発研究所
下村哲夫　1976『教育法規便覧』学陽書房
全国特殊学校長会（編著）1998『盲・聾・養護学校における介護等体験ガイドブック・フィリア』THE　EARTH 教育新社

全国社会福祉協議会 1998『よくわかる社会福祉施設――教員免許志願者のためのガイドブック』全国社会福祉協議会

19 教職の近接領域
法学書院編集部（編）1998『心理カウンセラーの仕事がわかる本』法学書院
三木善彦ほか（編著）1995『カウンセラーの仕事』朱鷺書房
三木善彦ほか（編著）1994『心理の仕事』朱鷺書房
下山晴彦（編著）1999『臨床・福祉・犯罪』ブレーン出版
山縣文治ほか（編著）1995『福祉の仕事』朱鷺書房

20 教師をめざす
髙橋金三郎 1979『教師への道』ポプラ社
吉田章宏 1995『教育の心理――多と一の交響』NHK出版
吉田章宏 1996『子どもと出会う』岩波書店

索　　引

【人名】

あ
明石要一　58
アリエス　Ariés, P.　6, 66
今津孝次郎　20
イリッチ　Illich, I.　38, 72
ウィッティ　Whitty, G.　12
上杉賢士　57
ウェンガー　Wenger, E.　77
乙武洋匡　100, 103

か
片桐雅隆　10
岸　裕司　65
窪田真二　62
古賀正義　84

さ
佐藤，ナンシー　85
志水宏吉　4
シュタイナー　Steiner, R.　75

た
高倉　翔　16
田中節雄　25
デューイ　Dewey, J.　35, 75
デューク　Duke, B.C.　25

な
中野健二　102
中原美恵　57

は
ハーグリーブス　Hargreaves, A.　9, 10
バーナード　Barnard, C.I.　92
ヒルサム　Hilsum, S.　81

広田照幸　6
フーコー　Foucault, M.　20
藤田英典　62, 81
ブランスフォード　Bransford, J.　29
フレイレ　Freire, P.　72, 73
フレネ　Freinet, C.　36, 75
ホルト　Holt, J.　29

や
山田昌弘　6
油布佐和子　81

ら
レイヴ　Lave, J.　77

その他
Stein, B.　29

【事項】

あ
愛の鞭　91
アカウンタビリティー　64
アメリカの教師　85
いじめ　7, 21, 40
　　——の価値判断　23
　　——の「根絶」　24
　　——の定義　22
1種免許状　112, 113
逸脱した行動　69
インターネット　9
インフォーマル・スクール　73
ヴァウチャー制度　74
教えるという活動　132

145

オープン・スクール　54, 55, 64, 73
オープンマインド　31, 58
親　62
　　——子関係の心理化　6
　　——と教師の関係　102
　　——の変質　88
オリエンテーション　62
オールタナティブ　7, 74
オールタナティブ・スクール　74

か

海外在留子女　8
外国人　8
　　——子弟　9
介護等体験　117, 118
カウンセラー　48, 59
カウンセリングマインド　12
学習
　　——指導　31, 131
　　——ネットワーク　73
　　——の不全感　29
　　総合的な——　12, 39, 46, 51, 89, 96
　　文脈に埋め込まれた——　77
学習指導要領　44-47, 50, 51, 86, 87, 96
学習者　131
　　——の認知構造　132
学制　41, 128
核づくり　17
学年主任　51
学年の編制　86
学力　28
　　——検査　15
　　新——観　12
学齢　35
価値観　89
学級　54, 66
　　——経営　17, 18, 56, 57
　　——集団と他の社会集団の違い　66
　　——集団の特徴　67
　　——担任　17, 56, 94
　　——定数　55
　　——に求められる配慮事項　57
　　——の環境づくり　18
　　——文化　18
　　——崩壊　2, 7, 11, 40, 57, 59, 71
学校　34, 48, 89, 92, 133

——改革　35, 40, 46
——化された社会　72
——教育　38
——制度　54
——設置基準　46
——像　72
——と家庭　88
——と子どもの関係の変化　6, 11
——と地域　60
——と地域とのネットワーキング　65
——内学校　76
——におけるチームワーク　94
——の影の部分　37
——の管理的体質　90
——の公共性　120
——の小規模化　52
——の誕生　34
——の光の部分　36
——の引き受けるべき教育　38
近代——　6, 40, 41, 72
私立の——　120
新——　35
学校教育法　44-46, 48, 90, 121
学校教育法施行規則　49, 51, 55, 86, 121
家庭　88
　　——におけるしつけ　88
課程修了の認定　86
カリキュラム・コーディネーター　96
カリキュラム編成　47
観察自我　58, 59
観点別評価　12
管理　129, 130
官僚制　93

帰国子女　9
期待される教師像　114
義務教育　44, 45
　　——制度　41
教育　128
　　——改革　12, 44, 95
　　——言説　20
　　——実習　115
　　——制度　40
　　——と教えること　131
　　——と学習　133
　　——と管理　129
　　——内容に関わる科目　115

――の機会均等　14, 16
――の基礎理論に関する科目　115
――の権利　34
――の多様性　20
――の場　38
――力　61
――労働者　131
――を受ける権利　44
公――　34
高等――　43
早期――　38
大正新――　36
中高一貫――　7
中等――　43
教育委員会　44, 45
教育課程　89
　――の編制　50
　小学校の――　49, 50
　中学校の――　50
　新課程　114
　ゼロ免課程　114
教育課程審議会　46
教育基本法　44-46, 48, 49, 121
教育公務員特例法　119, 121
教育公務員の特例　120
教育職員免許法　115, 121
教育職員免許法施行規則　115, 121
教育職員養成審議会　95, 114
　――第一次答申　114
教育勅語　41
教育令　41
教員　35
　――加配　49, 56
　――採用試験　119
　――の地位　120
　――の身分　119, 120
　――免許状　112, 113
　――養成　44
教科書の国定化　41
教科担任制　56, 59
教師　7, 31, 47, 48, 80, 92, 93, 104, 133
　――・親・子どもの三者関係の変容　11
　――からみた子どもの変化　4
　―― - 子ども関係　107
　――集団　108
　――聖職論　130
　――と先生　128

　――に望まれること　133
　――の一日　81, 82
　――の気質　92
　――の勤務時間　80
　――の成長　104
　――の専門性　131
　――の悩み　105
教室　17
教職　7, 93
　――科目　115
　――の意義等に関する科目　115
　――の性格　92
　日本の――の特質　84
競争　14, 37
　――心　17
教頭　48
協働　93, 94, 96, 97
共同体　76
教務系　52
教務主任　51
近代学校　6, 72
近代の終焉　9

グループダイナミクス　57

現職教育　119
言説　20

高学歴社会　6
公教育　34
高校や大学の多様化　7
公式組織　92
公正　16
校則　89
校長　48, 53
高等学校　116
高等学校令　43
高等教育　43
校内暴力　7, 40
公平　15
校務分掌　51
公立義務教育諸学校の学級編制及び教職員
　定数の標準に関する法律　54, 55, 121
高齢化　8
国際化　8
国民学校　43
国立大学の民営化　12

心の教育　12
個性　57
　　──化・個別化　39
　　──尊重　20, 25
国旗・国家の法制化　37
国・公立の学校　120
子どもが育つ環境の変化　3
子ども（期）の発見　6
コミュニティルーム　64
コミュニティづくり　47
コンピューター　9, 87

さ

私事化（プライヴァタイゼーション）　10, 11
私生活主義　10
しつけ　38, 62, 88, 90
指導　88, 91
児童・生徒　35
自発性　90
事務職　48
　　──員　49
社会規範　89
社会的ルール　66
社会の学校化　6
社会の構造変動　8
社会民主主義　74-76
集団主義教育思想　17
14条特例の利用　119
受験競争（戦争）　6, 15
準拠集団　55, 57
生涯学習審議会　97
小学校　56, 59, 86
　　──就学率　41
　　──の教育課程　49, 50
　　──の免許状における教科に関する科目　116
少子化　8
成就感　18
情報化　9
職員会議　53
庶務系　52
自立性　90
私立の学校　120
進学機会の平等化　37
新学習指導要領　96

新学力観　12
新学校　35
新課程　114
進級　86
新教育運動　35
人口動態　8
新自由主義　12
新保守主義　12
進路指導主事　51

成績の評価　86
生徒指導・教育相談・進路指導に関わる科目　115
生徒指導主事　51
説明責任　64
ゼロ免課程　114
専修免許状　112, 113, 118
選択と多様性　12

早期教育　38
総合演習　115
総合選択制高校　12
総合的な学習　12, 39, 46, 51, 89, 96
疎外感　9
組織　92

た

退学　91
大学院修士課程　119
大学院設置基準　119
大学令　43
胎芽的な社会　35
大検制度　7
大正新教育　36
体罰　90
第6次公立義務教育諸学校教職員配置改善計画　94
多元的な尺度　15
脱学校　38, 72
達成感　18
多様な選抜　15
単位制高校　12
地方教育行政の組織及び運営に関する法律　45, 53, 121
チャーター・スクール　75

中央教育審議会　46, 60
　　——答申（1971年）　87
　　——答申（1999年）　15
　　——第一次答申（1996年7月）　46
中学校　56, 86, 116
　　——・高等学校の免許状における教科に
　　　関する科目　116
　　——の教育課程　50
中高一貫教育　7
中等教育　43
懲戒　90, 91

ディスクール　20
ディスコース　20
ティーム・ティーチング　49, 54, 56, 58,
　93, 94
できない　29, 30
できる　27, 28, 29
「できる」と「できない」の差　30
電子メディア　9

討議づくり　17
動機づけ　14, 25
登校拒否　7
同僚性の構築　76
特色ある学校　46
特別免許状　112
図書館司書　48
閉じられた学級　68, 69, 71

な

仲間意識　19

苦手　29, 30
21世紀の教師像　95
2種免許状　112, 113
日本教職員組合　45
日本国憲法　44-46, 121
入学者選抜　15
入試制度　42
ニューカマー　9
ニューライト的　12

ネオ・リベラリズム　74-76
年齢主義の原理　86

能力　25
　　——別学級編制　87
ノー・スクールデイ　60

は

ハウス　76
パソコン　9
パートナーシップ　62
バーンアウト（燃え尽き症候群）　85
班づくり　17

PTA　62, 63
引きこもり　30
日の丸・君が代　12
平等　14, 16
　　極端な——主義　18
　　結果の——　16
　　進学機会の——化　37
開かれた学級　68, 70, 71
開かれた学校　46, 60, 64

不登校　7, 98, 99
プライヴァタイゼーション　→私事化
フリースクール　7, 73, 74
文化　40
　　——の伝承　76

保健主事　51, 52
保護者　44, 58, 90, 96
ポストモダン　9
ホーム・スクール　74, 75

ま

マグネット・スクール　73
学びの共同体　75, 76

ミーイズム　10
ミクロ・マクロな構造　68
自らへの挑戦　19
ミニスクール　76
民主主義　76

無学年生　87

メタ認知　26

149

盲学校・聾学校または養護学校教諭免許状
　　113, 117
燃え尽き症候群　→バーンアウト
モダンからポストモダンへ　9
文部省　45

や

夜間大学　119

養護教諭　48
　　――免許状　117
幼稚園の免許状における教科に関する科目
　　116
46答申　87

ら

利己主義的な人間　14
リーダー　5, 17
リテラシー　87
留学生　9
臨時教育審議会　12, 61, 74
臨時免許状　112

ルール　69

連帯感　19

6年制一貫校　12, 45

わ

わかっている　27, 29

執筆者紹介（執筆順。括弧内は担当章，「共」は共同執筆）

志水宏吉（しみず　こうきち）大阪大学大学院人間科学研究科教授（**1, 2**）

天笠　茂（あまがさ　しげる）千葉大学教育学部教授（**3, 15**）

今津孝次郎（いまづ　こうじろう）名古屋大学名誉教授　（**4**）

西林克彦（にしばやし　かつひこ）東北福祉大学総合福祉学部教授　（**5, 20**）

吉村敏之（よしむら　としゆき）宮城教育大学教育学部教授（**6, 7**）

上杉賢士（うえすぎ　けんし）千葉大学教育学研究科教授（**8, 9, 14**）

古賀正義（こが　まさよし）中央大学文学部教育学科教授（**10, 13**）

蘭　千壽（あららぎ　ちとし）千葉大学教育学部教授（**11**）

佐藤　学（さとう　まなぶ）東京大学大学院教育学研究科教授（**12**）

三浦香苗（みうら　かなえ）昭和女子大学大学院生活機構研究科心理学専攻教授（**p 77**）

近藤邦夫（こんどう　くにお）東京大学名誉教授（**16, 17, 19共**）

藤井俊夫（ふじい　としお）千葉大学名誉教授（**18**）

渋谷美枝子（しぶや　みえこ）千葉女子専門学校専任教員（**19共**）

編者紹介

西林克彦（にしばやし　かつひこ）
東京大学大学院教育学研究科博士課程（学校教育）中退。宮城教育大学教授，東北福祉大学総合福祉学部教授を歴任。
著書に『間違いだらけの学習論』（新曜社，1994），『「わかる」のしくみ』（新曜社，1997），『親子でみつける「わかる」のしくみ』（共編，新曜社，1999）などがある。

近藤邦夫（こんどう　くにお）
東京大学大学院教育学研究科博士課程（教育心理学）中退。東京大学名誉教授。
著書に，『教師と子どもの関係づくり』（東京大学出版会，1994），『子どもと教師のもつれ』（子どもと教育）（岩波書店，1995），『これからの小学校教師』（共著，大月書店，1997）などがある。

三浦香苗（みうら　かなえ）
東京大学大学院教育学研究科博士課程（教育心理学）単位取得退学。千葉大学名誉教授，学校心理士。
著書に『勉強ができない子』（子どもと教育）（岩波書店，1996），『勉強ぎらいの理解と教育』（編著，新曜社，1999）などがある。

村瀬嘉代子（むらせ　かよこ）
奈良女子大学文学部卒。大正大学名誉教授，大正大学カウンセリング研究所特別顧問，臨床心理士。
著書に『子どもと家族への援助』（金剛出版，1997），『心理療法のかんどころ』（金剛出版，1998），『聴覚障害者の心理臨床』（日本評論社，1999）などがある。

教員養成のためのテキストシリーズ
　　　第1巻　教師をめざす

初版第1刷発行	2000年3月10日
初版第10刷発行	2018年9月10日

　　編　者　　西林克彦　　近藤邦夫
　　　　　　　三浦香苗　　村瀬嘉代子
　　発行者　　塩浦　暲
　　発行所　　株式会社　新曜社

〒101-0051
東京都千代田区神田神保町3-9 幸保ビル
電話 (03)3264-4973(代)・Fax (03)3239-2958
E-mail　info@shin-yo-sha.co.jp
URL　http://www.shin-yo-sha.co.jp/

　　印刷所　　株式会社 明光社
　　製本所　　株式会社 明光社

©Katsuhiko Nishibayashi, Kunio Kondo, Kanae Miura,
Kayoko Murase, editors, 2000 Printed in Japan
ISBN978-4-7885-0707-4　C1037

■ **教員養成のためのテキストシリーズ**

第1巻 教師をめざす　　　西林・近藤・三浦・村瀬〈編〉　A5判並製　本体1800円

　この「第1巻　教師をめざす」は，新しい「教職に関する科目」のうち，「教職への志向と一体感の形成に関する科目」（2単位）に対応しています。現代というむずかしい社会のなかで，教職はどのような役割を担っているのか，教師としての責任や役割とは何かなどを考えながら，学校教育をめぐる環境や問題を認識し，教師に求められる適性，教職を選択することの意味を考えます。

1部　**教育をめぐる状況**　①子どもと社会変化／②教育をめぐる環境変化／③競争と平等／④教育言説の視点から教育論を解きほぐす／⑤自らの教育を振り返る
2部　**学校という存在**　⑥学校というもの／⑦現代日本の教育と学校制度／⑧学校組織／⑨学級制度／⑩地域社会との共生／⑪学級集団／⑫学校像の模索
3部　**教師という仕事**　⑬教師の一日／⑭指導と懲戒／⑮組織の一員としての教師／⑯子どもを委ねられるということ／⑰教師の成長
4部　**教師をめざす人のために**　⑱教師になるためのガイド／⑲教職の近接領域／⑳教師をめざす

第2巻 発達と学習の支援　　　三浦・村瀬・西林・近藤〈編〉　A5判並製　本体1800円

　この「第2巻　発達と学習の支援」は，新しい「教職に関する科目」のうち，「幼児，児童及び生徒の心身の発達及び学習の過程」（2単位）に該当します。従来，「教育心理学」「幼児心理学」「児童心理学」「青年心理学」などとして学ばれていた部分です。子どもはどのようなみちすじをたどって発達するのか，学ぶ－教えるという営みはどのようなものなのかを，発達心理学，学習心理学，臨床心理学などの研究成果から考えます。学生が将来，教師として接する子どもは，どのような課題を乗り越えながら成長していくのかを学び，子どもがおかれている家庭状況や文化的背景にも注意を払うことのできる教師としての素地を養います。

1部　**教育心理学から見た人間**　①発達をめぐる論争／②発達と養育／③家族のなかでの発達／④人間関係の拡大／⑤学校社会での経験／⑥人間の学習の特殊性／⑦感じ方とやる気
2部　**発達のすがた**　⑧人格発達Ⅰ／⑨人格発達Ⅱ／⑩自分理解／⑪子どもの知的世界の拡大／⑫他者理解
3部　**個人差の理解**　⑬個性の把握／⑭知性の理解／⑮人格の理解／⑯社会的能力の理解
4部　**子どもの理解と支援の手だて**　⑰適応と不適応／⑱自分の感じ方と他者の見方／⑲個別的理解と大数的理解／⑳子どもへのさまざまな支援

第3巻 学習指導の方法と技術　　　西林・三浦・村瀬・近藤〈編〉　A5判並製　本体1800円

　この「第3巻　学習指導の方法と技術」は，新しい「教職に関する科目」のうち，「教育の方法及び技術」「特別活動の指導法」に該当します。学習指導の意味・役割，技術を中心に，教育活動全体を通して，教師が学校で教えるということは子どもたちにとって何を意味するのか，子どもたちが価値ある学びをするために，充足感・効力感を得られるために，教師は何ができるのか，ということを考えます。

表示価格は税を含みません。

1部　学ぶということ　①何のために学ぶか／②何を学ぶのか／③どう学ぶのか／④学習のオープンエンド性／⑤学びの楽しさとつらさ
2部　教えるということ　⑥教えることの社会的意味／⑦学習指導観の変遷／⑧教師の役割／⑨子ども理解／⑩学級経営／⑪学習集団の組織化／⑫学校での集団活動
3部　学習指導と学習評価　⑬教授技術／⑭学習指導の過程／⑮教科指導の実際／⑯体験を重視した学習支援の実際／⑰学習評価の方法
4部　教育と環境　⑱情報化時代と教育／⑲異文化とふれあう／⑳学習を保証する環境

第4巻　児童期の課題と支援　　近藤・西林・村瀬・三浦〈編〉　A5判並製　本体1800円

この「第4巻　児童期の課題と支援」は，新しい「教職に関する科目」のうち，「生徒指導，教育相談，進路指導等に関する科目」（4単位）に該当します。小学生が学校・家庭・社会のなかでどのような問題にぶつかっているのか，典型的な課題を取り上げ，その支援法について考えます。
なお，本シリーズ5巻では，4巻とほぼ同じ構成のもとで，中学生・高校生を対象としています。

1部　小学生という時期　①小学生の現在／②小学生期の発達の諸側面
2部　小学生の成長と環境　③家族と友人／④環境としての学校／⑤子ども文化／⑥学びと体験
3部　成長の節目としての危機　⑦帰属集団としての同性友人集団／⑧性的成熟の開始／⑨甘えと独立のはざまで／⑩問題行動を通して子どもが訴えるものⅠ／⑪問題行動を通して子どもが訴えるものⅡ
4部　子どもの成長と変容への支援　⑫モデルとしての教師／⑬教師の働きかけの特徴／⑭学級集団づくり／⑮学校内での支援体制／⑯外部の関連機関との連携／⑰発達を保証する補償・治療教育／⑱成長・変容を支えるさまざまな心理技法Ⅰ／⑲成長・変容を支えるさまざまな心理技法Ⅱ／⑳子どもの成長・変容をうながす心理教育

第5巻　青年期の課題と支援　　村瀬・三浦・近藤・西林〈編〉　A5判並製　本体1800円

この「第5巻　青年期の課題と支援」は，新しい「教職に関する科目」のうち，「生徒指導，教育相談，進路指導等に関する科目」（4単位）に該当します。中学生・高校生たちが学校・家庭・社会のなかでどのような問題にぶつかっているのかを多面的に見ていきます。青年期の子どもたちは，学校以外にも自分の存在する場所をもち始め，そこでの問題も重要性を増してくることを考慮して，教師としての支援の方法を考えます。
なお，本シリーズ4巻では，5巻とほぼ同じ構成のもとで，小学生を対象としています。

1部　中学生・高校生という時期　①中学生という時期／②高校生という時期／③青年期の発達の特徴
2部　青年の成長と環境　④友人と家族／⑤青年を取り巻く環境／⑥自分さがしと学習活動／⑦青年文化
3部　成長の節目としての危機　⑧性同一性／⑨「自分」「他者」との出会い／⑩大人になるということ／⑪問題行動を通して青年が訴えるものⅠ／⑫問題行動を通して青年が訴えるものⅡ
4部　青年の成長と変容への支援　⑬教師とカウンセラーの違い／⑭理解する教師／⑮学級集団の力／⑯学校内での支援体制／⑰外部機関との連携／⑱成長・変容を支えるさまざまな心理技法Ⅰ／⑲成長・変容を支えるさまざまな心理技法Ⅱ／⑳青年にとって魅力ある教師

■ 新曜社の本

勉強ぎらいの理解と教育　　三浦香苗編
四六判並製　本体2200円

勉強ぎらいの子や勉強のできない子も，その理由と状況を正しく理解し，その理解に沿った導き方で大きく学習の可能性を伸ばすことができる。学習不適応の問題をさまざまな事例を取り上げて解説。

「わかる」のしくみ　　西林克彦
「わかったつもり」からの脱出
四六判並製　本体1800円

わかったつもりが真の理解を妨げ，しばしば学習挫折の原因となる。主として文章理解に関わる誤解の実例を豊富にあげて「わかったつもり」から本当の「わかる」に至る道筋を説く。

間違いだらけの学習論　　西林克彦
なぜ勉強が身につかないか
四六判並製　本体1800円

なぜ歴史年表，三角関数，英単語も受験を過ぎればすっかり忘れてしまうのか。学習の仕方のどこがいけないのか。効果的に学習して血のかよった知識を獲得する方法を，認知心理学の視点から提言。

ごまかし勉強　上・下　　藤澤伸介
上：学力低下を助長するシステム
下：ほんものの学力を求めて
四六判並製　本体各1800円

小中学生時代から，日本の子どもたちは「ごまかし勉強」にどっぷり染まっている。昨今の子どもの学力低下の主要原因もそこにこそある。ごまかし勉強を生成するシステムとは？「分数ができない大学生」等。

理科が危ない　　江沢洋
明日のために
四六判並製　本体1800円

円周率は3でよい!? 物理を履修しなくても理工学部に進学できる？　これでは日本の科学技術に明日はない。なぜこんな事態を招いたのか。どうすれば理科教育は再興できるか。

理科を歩む　　江沢洋
歴史に学ぶ
四六判並製　本体1800円

夏目漱石，寺田寅彦，仁科芳雄，湯川秀樹，朝永振一郎，知への好奇心に燃え，理科の面白さを子どもたちに伝えようとしていた彼らの足跡をたどり，これからの理科＝科学教育のあり方を考える。

続・教育言説をどう読むか　　今津孝次郎・樋田大二郎編
教育を語ることばから教育を問いなおす
四六判並製　本体2700円

「ゆとり教育と学力低下」から「不登校」まで，多数の言説から聖性を帯びた正論を排し，問題の論じ方や用いることばを見直すところから，解決の糸口を丹念に探る。

「生きる力」を育む授業　　武田忠
いま，教育改革に問われるもの
四六判並製　本体2500円

子どもの学力低下への取り組みは，子どもたちが自ら「問い」をいだき，「なぜか」を知りたいテーマと教材を用意することかしか始まらない。その真実を自らの実践により証明した気迫の書。

表示価格は税を含みません。